ORIOLE

EL ARTE DEL

CUCHIPLANCHEO

EL ARTE DEL

CUCHiPLANCHeO

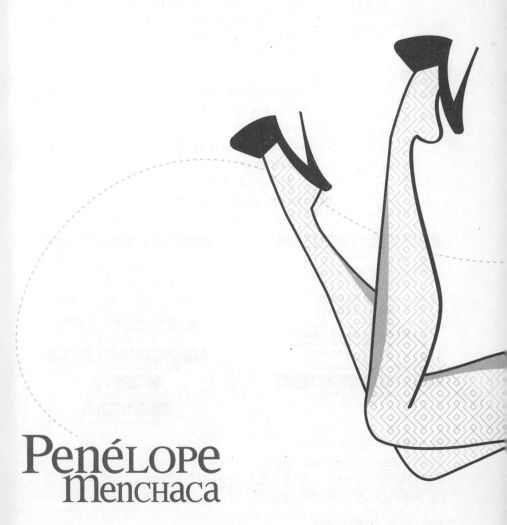

Penélope
Menchaca

AGUILAR

Este libro fue realizado gracias al corazón y la pasión de:

Productor general:
Mariano Ducombs Bartolucci

Productor creativo:
Roberto Gravitando

Productor ejecutivo:
Javier Rodríguez Camarena

Coordinadora editorial:
Mónica Alcaraz Marín

gravitando

Arte y diseño editorial:
Yessica Isabel García Téllez

Ilustración y diseño:
Rubén Vera Jinich

Coordinador general de logística:
Álvaro Pérez Vargas

Colaboradores de contenido
Mónica Alcaraz Marín
Roberto Guerra González
Iñaki Otero Sosa
Jurgan Bautista
Tania Luz Gómez
Mauricio García Cruz

Colaboración especial
Héctor Pérez Monter
Rafa "La Garrapata"

Relaciones públicas y prensa
Socorro Robledo

Apoyo de contenidos
Yuritzi Jiménez Hernández
Iveth Moreno Deloya
Carmen Serra Annetta
Carolina Cervantes Sánchez
Emilio Ducombs

Apoyo conceptualización
Emmanuel Barrera "Pax"

Digitalización de imágenes
Gonzalo Hernández Pérez

Modelo
Edgardo Escobar

Fotografía
Enrique Tubio

Agradecimiento especial a:
Warren Wior y Francisco Calvo

Idea Original:
Mónica Alcaraz y Roberto Gravitando

www.ser.com.mx

Primera edición: agosto de 2009
ISBN: 978-607-11-0281-2
Impreso en México.

"Ser mujer es una tarea terriblemente difícil, porque consiste principalmente en tratar con hombres."

www.penelopemenchaca.net

Este libro se lo dedico a las mujeres que, al igual que yo, lloraban al ver películas de amor y pasión, y sus lágrimas no eran de emoción, sino de tristeza al darse cuenta de que estaban muy lejos de tener amor en su vida.

Se lo dedico a esas mujeres que no se han atrevido a disfrutar de su sexualidad. A esas mujeres que no le temen a los cambios y se han dado cuenta que ésta es nuestra única oportunidad de ser felices.

A mis ángeles de la guarda.

También se lo dedico a las mujeres más importantes de mi vida: mi mamá, mis hermanas y, sobre todo, a Yania y Natalia: mis hijas.

Penélope
Menchaca

Con todo mi cariño

Me decidí a escribir este libro no sólo para las jovencitas, sino para todas las mujeres que quieren aprender más, explorar y disfrutar su sexualidad; para las señoras que tienen que hacer hasta lo imposible para recuperar su seguridad y permitirse sentir de nuevo **"esas ganas"**; para las que son madres como yo y que las pechugas se nos caen, que la panza se nos queda aguada y que, entre muchas otras cosas, nos da una vergüenza horrible ponernos un disfraz...

   ¡Se los juro, porque también me pasó! Estás en el baño, te vistes de la Mujer Maravilla, te ves en el espejo y dices "que 'inche vergüenza, ¿cómo voy a salir así?"

   Las mujeres somos muy soñadoras y siempre creemos que esa parte de la sexualidad es maravillosa, como en las películas, pero no es así. Cuando te casas, te das cuenta de que las cosas son diferentes de lo que te habías imaginado y dices: "¿Así es como me lo contaban?, ¿dónde está la emoción?"

   Nos cuesta mucho trabajo, y nos da vergüenza preguntar; se nos dificulta entender la sexualidad y dar los pasos correctos para pedir lo que nos gusta. Hay mujeres que nunca dan ese brinco porque no les queda de otra; pero el día que se atreven y le agarran el gusto, dicen: "¡Oh, sí!" y es cuando ya quieren hacer más cosas para mejorar en todo.

   Este es un libro con jueguitos increíbles para sorprender a tu pareja, con humor, anécdotas, dudas y tips por si algún día tienes antojo de puros besos o caricias, y con estas recomendaciones, tengas nuevas ideas para probar.

   Todo está escrito para que lo puedas leer por cachitos a manera de "acordeón". No te cuento más... empieza a hojearlo y descubre la maravillosa experiencia del **cuchiplancheo.**

ÍNDICE

Interactivos

HOY VAMOS A JUGAR A...
*
CUPONES
*
LIBERA EL STRESS
*
ALTAR A SAN ANTONIO
*
¿QUÉ TE DEPARA EL DESTINO?
y más...

¿Qué es el amor?

Los expertos definen al AMOR como un conjunto de sentimientos que ligan emocionalmente a una persona con otra. El amor es un estado de satisfacción total, debe darte libertad y ayudarte a volar más lejos en todos los aspectos. Cuando el amor se convierte en un sentimiento de posesión y egoísmo, temo decirte que ya no es amor.

El amor se basa en la confianza en ti misma y en tu pareja, así que como dice la canción: "No controles." Recuerda que mientras más cadenas le pongas a tu galán, más pronto saldrá corriendo.

Y si eres tú la que está en una relación en la que no te dejan ni asomar la nariz, mejor ve pensando en cómo desencadenarte porque te puedo asegurar que eso tampoco es amor.

Pero ¡aguas!, no es lo mismo amar que estar enamorada...

El ENAMORAMIENTO es estar toda atarugada por un méndigo tlacuache al que ves como el hombre más lindo, tierno y generoso sobre la tierra; ése que te hace sentir mariposas.

El AMOR, en cambio, es despertar a la realidad y amarlo tal como es. (Claro, siempre hay que trabajar los defectitos.)

AMOR A UNO MISMO:

Es el amor más difícil de lograr, pero también el más importante. Debes aceptarte y amarte tal como eres, es la base para amar a alguien. Si lo logras, proyectarás total seguridad en tí misma y el mundo caerá rendido a tus pies.

AMOR A PRIMERA VISTA:

A las mujeres nos pasa a cada rato pues idealizamos al primer babas que se nos atraviesa creyendo que es el príncipe azul y que con tan sólo besarlo, se convertirá en un papacito. Pero no, mamacita, algunos son sapos y sapos se quedarán.

Será por eso que cuando paso frente a un galán que me gusta le pregunto: ¿Tú crees en el amor a primera vista, o quieres que vuelva a pasar?

AMOR PLATÓNICO:

No confundir con aquel que te quieres echar al plato. Se refiere al amor inalcanzable, al que no se puede materializar. Puede existir un elemento sexual que se da de forma mental, imaginativa o ideal y no de forma física.

El querer se llama así porque uno quiere querer. Quieres a tu hermano, a tu mamá, a un amigo, quieres romper la dieta con unos buenos tacos de barbacoa, quieres unos zapatos nuevos, quieres cuchiplanchar... pero no debes confundir el querer con el amar.

Check List Del Amor
Lo que no te debe faltar:

☐ **Respeto**	☐ **Admiración**
☐ **Aceptación**	☐ **Atención**
☐ **Confianza**	☐ **Paciencia**
☐ **Amistad**	☐ **Aprecio**
☐ **Comunicación**	☐ **Dedicación**
(ir al punto C, de Comunicación)	

Si crees que alguno de estos elementos le falta a tu relación, es hora de trabajar en ello o decirle adiós a lo que pensabas que era AMOR.

PRECAUCIón

• Rézale a Dios y a todos los santos para que no te enamores de uno de esos que se cree luchador, porque si es de los que te demuestra su amor a golpes, debes salirte cuanto antes del cuadrilátero, eso no es amor, aunque sea muy buen cuchiplanchador, tú, mamacita, vales mucho más.

• Nunca compitas contra el amor de su mamá o de los hijos; son amores diferentes y para cada uno existe un lugar.

• Como dice el conocido refrán: Más vale sola... que acompañada de un méndigo retrógrada orangután.

Consejos

El amor no sólo es una palabra, el amor es una disciplina. El amor se trabaja todos los días para que perdure toda la vida.

Aquí te van algunos consejos que pueden ayudarte en eso, considera que lo que puede ser rico para unos, tal vez para tu peoresnada no lo sea.

• Cada vez que él haga algo lindo por ti, déjale una notita de amor en su almohada.

• Échale las mismas ganas y empeño que le pones a tu trabajo. Para mantener la llama del amor encendida, no importa lo ocupada que estés, siempre puedes encontrar tiempo para el amor.

• Deja de soñar, no existe el hombre perfecto... sólo piensa que todos somos humanos y a veces nos equivocamos, y créeme, los hombres se equivocan aún más.

• Pon tu despertador 15 minutos antes de lo normal y pásalos abrazada a él diciéndole cuánto lo quieres y lo importante que es para ti... no sólo el cuchiplancheo es importante, hablamos de amor esta vez.

• Nunca se te olvide que apapacharse y besuquearse es tan importante en una relación como el cuchiplancheo.

• Sé romántica hasta en la comida, ten detalles como cocinarle pasta en forma de corazones; no a diario, claro está, no lo queremos engordar.

• Nunca olviden celebrar su aniversario aunque sea con un buen beso.

• Jamás se insulten. Tristemente los insultos salen por la boca más fácil que las palabras de amor y luego nos arrepentimos por la regadota.

• Dile cosas como... "Si el tiempo regresara, me volvería a casar contigo", "te amo tanto", "qué bueno que estamos juntos".

• Ten siempre presente que tú eres la protagonista de esta gran historia.

• Regálale cosas que sean importantes, como un masaje en los pies cuando regresa de trabajar, un "discúlpame" cuando tú sabes que la regaste, etcétera.

• Tómense de las manos al caminar y acarícialo para que sepa que disfrutas cuando paseas con él.

Si ya te chutaste hasta esta página y te estás preguntando: "¿Qué tiene que ver el amor con cuchiplanchar?", ahí te va:

El amor y el cuchiplancheo no siempre van de la mano. Cuando se da uno sin el otro, no debes preocuparte sino disfrutarlo y aprender de la experiencia.

Si amor y cuchiplancheo se juntan... ¡felicidades, eres una suertudota!

Atrévete!

Si se llaman ganas será porque algo ganas.

Siempre es bueno atreverse y no quedarse con las ganas.

De entrada, ya te atreviste a curiosear esta guía para enterarte de algunas cosillas en el arte de cuchiplanchar.

Ahora, este espacio es para ti. Recuerda que el que no arriesga no gana.

Escribe las cosas que tienes ganas de hacer y atrévete, si le pones fecha, mejor.

1. _____

2. _____

3. _____

4. _____

5. _____

6. _____

7. _____

Sólo el que busca tiene y sólo el que quiere puede.

Atracción

La **atracción** es esa sensación que nos hace voltear la mirada de golpe (aunque nos cause tortícolis) cuando vemos a alguien que nos atrapa.

Ni nosotras, que somos tan sabias, podemos explicar bien qué es lo que nos atrae de los hombres. Una se puede sentir atraída por una voz grave, por un panzoncito chistoso, por un buen chorero, uno con manos grandes o piernas fuertes, y hasta por uno de pie chiquito...

Ellos, para variar, la tienen más fácil. Todos se creen polleros ya que sólo tienen que decidir entre la pechuga, las piernas, la rabadilla o el huacal.

El caso es que aunque uno de esos guapotes que salen en las revistas no nos caería nada mal, como buenas mujeres siempre le buscamos más al asunto emocional que al físico, o sea, les perdonamos que estén feos con tal de que sean lindos.

Pero en cuestiones de cuchiplanchar no podemos ni debemos cerrar los ojos, así que piensa: ¿qué características de tu galán te despiertan la pasión? Es bueno que lo tengas muy claro.

Lo que me gusta de él...	Lo que le gusta de mí...

OJO: Si no puso que le gusta tu cuerpecito, el mensaje es muy claro: "Bájale a los chocolates y a las garnachas."

Ley De Atracción

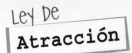

¿Qué podemos hacer para atraerlos?
No es cosa de darles toloache

Lo más importante para atraer a alguien es que te sientas atractiva. Todas las mujeres somos atractivas de distintas maneras. Aunque a veces nos parece que los hombres piensan sólo con el méndigo tamagochi, también se fijan en algunos pequeños detalles que se nos pasan. Para empezar, les encanta lo femenino, y justo ahí es donde somos más poderosas.

Arreglarse bonito, ponerse un rico perfume y hacerles bailes sexys, son recursos que los hacen babear.

Aunque ellos crean que hacemos todo esto sólo para atraerlos, nosotras sabemos que con ello aseguramos unos buenos cuchiplancheos. Claro, ellos no tienen por qué enterarse...

Autoestima

Ellos seguro piensan que la autoestima es la ciencia de estimar los autos, pero... ¡déjalos que crean lo que quieran!

Aunque nos gustaría movernos en un coche de súper lujo, nosotras sabemos que de alguna manera ese auto tiene que ser nuestra actitud por la vida, y mientras más seguras lo manejemos, más fuerte será nuestra autoestima.

En resumen, autoestima es quererte primero a ti para luego querer a alguien más y ser querida; amarte para luego amar y ser amada.

Recuerda que en toda relación el Bombón eres TÚ.

Tu autoestima influye en tu sexualidad. Aceptándote a ti misma te olvidarás de cuchiplanchar con las luces apagadas o de plano como algunos vacacionistas de balneario... ¡con todo y playera!

Te voy a contar un secreto...

...En estos años en que he trabajado con tantas mujeres he aprendido que no importa lo hermosas que parezcan, ni lo esculturales que estén, ellas siempre encuentran algo de que quejarse: que si tienen un cuerpo mal hecho, que si les falta pompas, que si les sobra pechuga...

¿Te suena familiar? Pues sí, así somos todas. Pregúntame y te puedo enumerar una lista inmensa de todos mis defectos, pero estoy convencida que esto es parte de nuestra personalidad, así que repite conmigo...

NO HAY UNA MUJER MÁS BELLA QUE YO... HAY MILES.

Sí, hija, hay miles, y si nos vamos a preocupar por todas ellas, o queremos estar como todas ellas, pues estamos fregadas, así que amemos el cuerpo que nos tocó, cuidémoslo y saquémosle el mejor partido.

Test De Autoestima

Elige La respuesta con La que más te identifiques.

1.- Cuando te miras en el espejo:

a) Ves con aceptación que tu cuerpo corresponde a tu edad.

b) Cuidas hasta el mínimo detalle para verte perfecta y olvidar tus defectos.

c) No te gusta tu cuerpo. Tus defectitos te hacen sentir insegura y crees que todos lo notan.

2.- Estás invitada a una reunión con mujeres de tu misma edad y que hace tiempo no ves:

a) Reconoces la belleza de las otras mujeres, pero jamás te comparas, eres única.

b) Te gusta hacerte notar, te ríes en voz alta de los chistes y si no te voltean a ver, finges un pequeño ataque de tos.

c) Prefieres mantenerte anónima para que nadie te viboree.

3.- Comprar ropa o invertir en tu aspecto personal es para ti:

a) Algo que te hace sentir bien por dentro.

b) Algo que te hace ver mejor por fuera.

c) Una situación difícil. Te pruebas todo y nada te queda.

4.- Te sientes seductora cuando:

a) Estás segura de que tu cuerpazo los hace que te vean.

b) Tu plática ataruga a cualquier tarugo.

c) Ni a ni b. Pero soy buena onda.

5.- Hace tiempo que tu peoresnada no quiere cuchiplanchar, tú:

a) Experimentas comprándote todos los disfraces.

b) Crees que te están poniendo el cuerno.

c) Crees que has dejado de gustarle.

6.- Él te pide realizar fantasías que a ti no te laten, tú:

a) Sin la menor de las penas le pones un "¡estate quieto!"

b) Te cuesta trabajo decirle que no te gusta y disimulas por el momento.

c) Con tal de que no te deje, te aguantas.

MI PUNTUACIÓN:

Respuestas A   Respuestas B   Respuestas C

DESCUBRE TU REALIDAD EN LA SIGUIENTE PÁGINA

RESULTADOS
espejo de la realidad

MAYORÍA A
Tienes muy buena valoración de tu cuerpo.
Aunque no tengas la figura perfecta sabes que cuentas con otras
armas de seducción. Tu autoestima en el cuchiplancheo está basada en
el respeto a tu propio cuerpo. Sabes que eres una reina, que mereces
un castillo y un caballero (de preferencia millonario).

MAYORÍA B
Aunque tratas de disimularlo, tienes dificultades para
aceptar tu cuerpo tal como es.
Aunque el gimnasio está a la vuelta de tu casa, te pesa caminar
aunque sea para pedir informes.
Estás enfocándote mucho en tus defectos, pero no estás
reconociendo tus cositas buenas; como quien dice, estás salando la
sopa sin saber que lo que falta es echarle un huevito al arroz.
En el cuchiplancheo, prefieres que él adivine tus deseos en lugar
de revelarle lo que realmente te agrada.

MAYORÍA C
Debido a tus complejos estás peleada con tu imagen, por eso hay
días en que desearías ser invisible. Prefieres ir a las fiestas de
disfraces para que nadie te vea y pasar desapercibida.
En el cuchiplancheo, esta inseguridad te genera pena y te impide
disfrutar de tus deseos.

Si estás entre B y C, empieza a trabajar en tu seguridad, que no es precisamente contratar guaruras ni hacer más alta la barda de tu casa, sino
reconocer las cosas que puedes cambiar para sentirte mejor.

Afrodisíacos

Cualquier sustancia que estimule el apetito sexual. Diversas culturas creen que los afrodisíacos ayudan a quitarse la pena y a despertar el apetito cuchiplanchesco.

Dicen que los afrodisíacos se remontan a nuestros ancestros, quienes al preparar chocolate, se frotaban el molinillo.

Muchos afrodisíacos los podemos encontrar en algunas comidas y bebidas.

No por nada dicen que al hombre se le conquista por el estómago... por eso aquí te van unas divertidas recetas:

PESCADO A LA TALLA

Este platillo es buenísimo para conseguir pareja ya que lo único que tienes que hacer es esperar a que un méndigo pase y pescarlo. Ya después le tallas lo que quieras.

DIETA DE NOPALITOS

Pon a tu hombre a dieta de No-palitos durante un mes y créeme, pasado este tiempo, él querrá arrancarte la ropa en la primera oportunidad.

* MIEL *

Según muchos, la miel es de los mejores afrodisíacos, no por nada se le nombró Luna de miel al primer cuchiplancheo legal.

A la miel se le atribuyen propiedades para curar esterilidad e impotencia.

Para las tímidas: derrámala sobre fruta.

Para las aventadas: toma tú el lugar de la fruta y que la derramen sobre ti. Cuidado: Si tu galán es diabético, no abuses de la miel. Procura darte un buen baño después de cuchiplanchar (a nadie le gusta despertar junto a una palanqueta).

✳ MARISCOS ✳

Tienen fama de ser buenos afrodisíacos.

Los conocedores dicen que es la cantidad de potasio lo que ayuda a estimular al tamagochi y puede que tengan razón, pero yo creo que el verdadero secreto está en las galletas con que se comen los mariscos, ya que si las migajas caen en medio del pantalón, tú puedes sacudirlas.

✳ TACOS ✳

El mejor cuchiplancheo es el que empieza con un buen taco de ojo, le sigue un taquito de lengua que seduzca el oído y termina con los dos involucrados hechos taquitos entre las sábanas toda la noche.

Nada más no le pongas mucha crema a tus tacos, no vaya a ser que el méndigo se aburra de tanto esperar mientras los preparas.

Nota: recuerda no abusar de la cebolla por aquello del aliento a la hora de decir ¡¡¡Teeee AmooooOOOO!!!

Consejito afrodisíaco

Mi consejo es que no hay mejor afrodisíaco que tenerlo contento.

•

Que si le gusta el tequila pues recíbelo con una copita de tequila...

•

Que si le gusta la chela, nomás que no sea Graciela, tu prima...

•

Que si le gusta el galán de tu telenovela favorita... ahí sí, aguas, o cambias de telenovela o cambias de galán.

La cosa está en consentirlo y que te consientan

Para Bebidas afrodisíacas...
ir al punto B

Besos

El **beso** también es conocido como ósculo, así que no te asustes si alguien te pide un osculito.

Un beso bien dado nos pone las patitas a temblar. El beso lo es todo, si el méndigo es un buen besador lleva la mitad asegurada para que nosotras digamos "¡Sí!" a un buen revolcón.

Para nosotras es indispensable pasar por el beso antes de cuchiplanchar. Nos hace sentir seguras.

TIPS ECONÓMICOS PARA LABIOS BESABLES

- **Labios bien humectaditos:** brillos o protectores (desde $20).
- **Dientes limpios:** estuche portátil con pasta y cepillo de dientes (desde $30).
- **Buen aliento:** hay miles de pastillas que puedes traer en tu bolsa, para ti o para él (desde $5).

Y de que hay buenos besadores, los hay; pero también hay unos que parece que te van a succionar entera.

Hay muchos tipos de besos y cada uno de ellos abre distintas puertas, así que abusada con el beso que des o recibas, porque puedes entrar a una montaña rusa de la que después no te vas a querer bajar.

Besos según Penélope

Beso Guardianes De La Bahía:
Es el que parece respiración de boca a boca.

Beso De Político:
Es el que se da con promesas que nunca se llegan a cumplir.

Beso Luchador:
Beso apasionado que surge cuando presionas a tu amor contra las cuerdas.

Beso De Pájaro Loco:
Es un beso de piquito.

Beso De Plomero:
Es el beso que te destapa todas las tuberías.

Beso De Catedral:
Se da hasta tocar la campanilla.

Beso De Frida Kahlo:
Es en el que realizas una obra de arte cuando plasmas tu labial en la boca del méndigo.

Beso De Edificio:
Te lo dan en la azotea y te llega hasta el sótano.

Beso De Taco:
Es de cabeza, de lengua y de pancita.

Beso De Piloncillo:
Mientras él te besa, tú metes mano a su bolsillo.

Beso De Policía:
Va acompañado de una mordida.

Beso De Mentiroso:
Lleva mucha lengua.

más besos

Beso DE CLEPTÓMANO:
Es robado pero sin malas intenciones.

Beso DE GASOLINA:
Es el que se da cuando tienes un fuego y termina encendiendo una pasión.

TIP: VÉNDALE LOS OJOS a tu galán antes de besarlo y haz que pruebe diferentes sabores con un coctel de frutas y besos PREPARADO POR TI.

Anota aquí tu primer beso (EN DÓNDE y con quién fue). Séllalo con la marca de un beso tuyo y comprueba que tus labios son besables.

Si tu actual amorcito es celoso, te recomiendo escribir sólo la letra de tu ex.

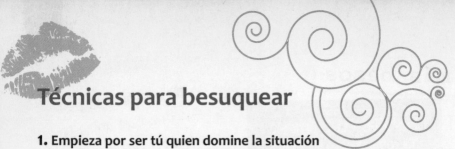

Técnicas para besuquear

1. Empieza por ser tú quien domine la situación
Estamos acostumbradas a que los hombres nos besen primero. Esta vez arráncate tú y dile: "Relájate papacito, flojito y cooperando. Te aseguro que te vas a divertir".

2. Tápale los ojos con las manos y bésalo
Siempre besamos cerrando los ojos, pero si se los tapas a propósito le harás sentir algo completamente diferente. Bésalo poquito a poco y dale mordiditas.

3. Dale pero no le des
Bésalo suavemente en los labios, y en cuanto veas que él abre la boca pidiendo más, hazte para atrás. Eso lo volverá loco.

En fin, no importa lo que hayas aprendido del beso, tú sólo para la trompa y a besar se ha dicho.

Hay dos palabras que hacen la desgracia de una mujer:
Sí, acepto.

En la boda, deja que tu futuro marido escoja el baile, después de todo, tú te lo vas a bailar toda la vida.

Anécdotas de una Boda

¿Sabes por qué las fotos de los novios se toman antes de la fiesta?

Porque si las tomaran después, el novio ya estaría tan borracho que todas las fotos saldrían movidas.

✳

Y las madrinas... ¿Qué me dicen de las madrinas?
Pero de las madrinas que se ponen los invitados del novio con los invitados de la novia, parecen granaderos y ambulantes peleando por un espacio en el centro histórico.

✳

Nosotras pagamos la boda, pero ellos pagan la casa, la comida, los viajes y las colegiaturas de los chilpayates.

Bebidas afrodisíacas

La llamarada Menchaca:

Lleva tequila y ron en un caballito, se le prende fuego y se toma con un popote. Puede que no ponga del todo cachondo a tu méndigo, pero de que lo prende, lo prende.

Ponche de Maracuyá:

Para esta bebida necesitas ponche con maracuyá. Después le quitas el maracuyá y lo que te quedará es un buen ponche y si te dan un buen ponche el afrodisíaco sale sobrando.

Medias de seda:

Para esta bebida lo único que necesitas son precisamente unas medias de seda. El orangután, en cuanto te vea con ellas mostrando tus esculturales piernas, se te va a lanzar como el primate que es.

Si ninguna de estas bebidas te funcionó como afrodisiaco, puede que te quiten la sed después de tanta actividad.

IMPORTANTÍSIMO: ABUSAR DEL ALCOHOL PUEDE MATAR TU NOCHE DE PASIÓN.

Punto C

Esta es una de mis letras favoritas porque muchas de sus palabras tienen que ver con la relación Mujer Bella - Hombre Bestia:

Cuchiplanchar, cachondeo, cirugías, cochinadas, celos, cámara, cama...

CUCHIPLANCHAR

Para algunos hombres CUCHIPLANCHAR es algo así como:

Arrimar el camarón, matar el oso a puñaladas, darle de comer al tamagochi, rechinar el catre...

Pero para nosotras que **SÍ** sentimos y **SÍ** pensamos, cuchiplanchar es hacer el amor no sólo con el cuerpo sino con la mente y con el alma, entregándonos por completo.

Es padrísimo disfrutar de un buen cuchiplancheo y cuando es con el hombre que amas, TODO SE VALE.

A todas las mujeres nos gusta cuchiplanchar pero traemos tantos "no debes, no te atrevas, está mal si lo haces..." en la cabeza que pocas veces nos atrevemos a disfrutar.

Recuerdo que mi abuela decía:

Sólo hay dos tipos de mujeres: las que chuchiplanchan y las que vuelan... y como no veo a ninguna volando, TODAS cuchiplanchan.

¿Quieres saber si eres cuchiplanchadora o de las que vuelan?

1.- Cuándo estás dormida...

a) Sueñas que estás en la Torre Eiffel mirando París.
b) Sueñas que estás en la Torre Eiffel abrazada de tu amado mirando París.
c) Sueñas que estás en la Torre Eiffel cuchiplanchando con tu amado mientras todo París los mira.

2.- Cuando te metes a bañar, prefieres...

a) Un baño rapidín con agua tibia.
b) Un baño rapidín con agua caliente.
c) Un rapidín con el caliente con el que duermes.

Si tus 2 respuestas fueron C, eres una cuchiplanchadora nata.
Si tus respuestas fueron A o B, esta guía te va a servir para que la próxima vez que contestes este test, no dudes en marcar la C.

Es completamente natural y sano que sientas el impulso de cuchiplanchar y qué mejor si aprendes unos truquillos para disfrutar al máximo.

En el cuchiplancheo, te recomiendo no olvidar:

- Estar **convencida** de que sí quieres cuchiplanchar con el galán en cuestión.
- **Cuidarte.** Toma las medidas necesarias para no embarazarte. Unos minutos de pasión pueden convertirse en una vida de pensión... alimenticia para el bebé que puede llegar. Si te embarazaste, mejor consulta a tu médico.
- **Comunicarte** con tu pareja es indispensable. Decir lo que te gusta, lo que no y lo que se te antoja; preguntarle con qué fantasea y con qué disfruta, hace que el cuchiplancheo sea pleno para los dos.
- **Concentrarte** en ese momento para disfrutar cada segundo. Deja todo a un lado: trabajo, problemas, deudas, etcétera...
- La **confianza** en ti misma te ayudará a liberarte de cualquier pena, prejuicio o freno que tengas. Los hombres disfrutan más del cuchiplancheo cuando una mujer se siente segura de sí misma, así que deja los complejos atrás y saca tu parte más sensual.

¿Por qué cuchiplanchar es un arte?

Porque como todo arte, cuchiplanchar tiene su técnica. Hay muchos elementos que se involucran en un buen cuchiplancheo y para eso estoy aquí, para decirte algunos caminos que puedes tomar.

Como mujeres, nos tocó cargar con todo, hasta con la inteligencia para saber cómo utilizar nuestros recursos al momento de cuchiplanchar. La estrategia está en darle un empujoncito al galán para que le caiga el veinte de que hay cuchiplancheo en puerta.

Mis recomendaciones:

EL RAPIDÍN *****

El rapidín es muy atrevido y audaz porque el elemento en contra es el tiempo. Generalmente cuando sucede, estás con tu galán en cuestión en una situación o en un lugar que los obliga a explotar lo más rápido posible: una oficina, la casa de los suegros, un elevador... Puede volverse muy ardiente.

EL DEL REENCUENTRO ***

Reencontrarte con tu ex novio de la infancia puede ser verdaderamente emocionante. Cuchiplanchar con alguien del pasado a quien tenías idealizado es un arma de dos filos porque, o te decepcionas viendo que sí, efectivamente todo en él es un recuerdo infantil: pequeñito, pequeñito... o te das de topes por los años que has perdido al estar lejos de esta máquina cuchiplanchadora.

EL DEL PERDÓN ****

Bien dicen que en la cama todo se arregla. Así que si tuviste un buen agarrón con tu pareja, te recomiendo limar asperezas con este cuchiplancheo preferentemente nocturno, considerado como uno de los más apasionados. Quien quita y hasta lo perdonas.

EL mañanero ***

Es rico, pero debo reconocer que nosotras nos encargamos de romperle el encanto con tanta paradera al baño, que para lavarnos los dientes, para peinarnos, para quitarnos las lagañas... el chiste es despertar o que te despierten con un rico cuchiplancheo mañanero que, te aseguro, te dará más energía que cualquier desayuno.

EL tradicional **

No es malo siempre y cuando sepas aderezarlo con diferentes ingredientes para no caer en la rutina. Por lo general, sucede en una habitación y en un momento esperado. La ventaja es que tienes tiempo y espacio para hacer lo que se te ocurra sin que nada ni nadie te presione.

Con quién Sí y con quién NO debes cuchiplanchar:

Es muy importante que te fijes en las condiciones y en la edad del calenturiento en cuestión:

PUBERTONES	No estás para cambiar calzones (ni para terminar en la cárcel por corrupción de menores)
JOVENCITOS	Te aguantan más brincos
DEL TRABAJO	De donde se come, no se cuchiplancha (a menos que él gane lo suficiente para que comas de otro lado)
CASADOS	No estás para recalentados
DIVORCIADOS	Sólo recomendados (de preferencia por su ex)
VIUDOS MILLONARIOS	Son los más recomendados
YA MAYORES	Cuida que el tamagochi le funcione
SOLTERONES	Mientras no sean mariposones
MACHOS	Son re-gachos

¿Y cómo sabes si es bueno o malo para eso?... Muy fácil, que responda esta pregunta: ¿Sabes lo que es un orgasmo múltiple?

TEST

¿Qué tan buena eres cuchiplanchando?

Califícate y responde con sinceridad. En cada una de las siguientes "c" que no te pueden faltar a la hora de cuchiplanchar, pon un número del 1 al 6:

◯ **Confianza**

Confío que mi pareja no haría nada que pudiera ponerme en riesgo.

◯ **Comunicación**

Expreso honesta y claramente las cosas que me gustan y las que no. "Por ahí sí, más abajo no, ¿por qué no intentamos mejor esto?"

◯ **Compatibilidad**

Reconozco nuestras diferencias y aprovecho lo mejor de cada uno para que estemos juntos, más completos y así llegaremos más lejos.

◯ **Corazón**

Es el compromiso que tengo para mantener encendida la pasión. ¿Le echas ganas o no?

◯ **Creatividad**

¿Busco nuevas maneras para convertir lo rutinario en divertido y excitante? Fantasías, Kuchiplansutra, etcétera...

◯ **Complementariedad**

¿Qué tanto nos acoplamos y nos complementamos? Estilos, ritmo, tamaños, experiencia, curiosidad, etcétera.

◯ **TOTAL**

UBÍCATE, SI EL TOTAL DE TUS PUNTOS SUMAN:

+ DE 30 - NO EXISTE LA CALIFICACIÓN PERFECTA.
Revisa tus respuestas, siempre hay algo por mejorar.
De 24 a 29 - MUY BIEN. Estás en el rango de la felicidad. Recomendación: no lo presumas, te lo pueden bajar. Asegúrate de mantener estos resultados por largos años.
De 18 a 23 - PREOCÚPATE Y OCÚPATE, trabaja DURO, lo podrás superar.
De 12 a 17 - SI REALMENTE LO QUIERES, CONSULTA A UN ESPECIALISTA.
Lee y practica ¡YAAAAAAAA!
Cualquier otro resultado: Cambia de pareja.

UNA ÚLTIMA SUGERENCIA:

No te limites al cuchiplanchar, di lo que te venga a la cabeza, acarícialo, apriétalo y muérdelo (quedito, claro). Tu hombre se excitará más al ver y escuchar que te está volviendo loca, siempre y cuando sea verdad.

Cachondeo

Cuando escucho esta palabra me imagino a un cachorrito. Tú sólo observa e imita los movimientos de cualquier animalito, en especial los felinos: acurrúcate, emite soniditos guturales de placer, mueve tus ojitos, tus caderas al caminar... verás qué fácil y divertido es verlo caer a tus pies como tapa de escusado. Si el canijo se comienza a reír, recuérdale cómo se bañan los gatos: ¡Solitos!

Cirugías

Todas nos merecemos estar a gusto con nuestro cuerpo.

Así que si hay algo que te inquiete o incomode y puedes pagar una cirugía, no dudes en hacerlo. Sólo investiga bien antes de tomar una decisión para que no caigas en malas manos; tienes que estar 100% informada de las posibles consecuencias de una operación.

Hoy en día casi todo se puede operar: aumentar las pompas, aplanar la pancita, engordar los labios, ponerse pantorrillas, arreglarse la nariz, los pómulos, las bolsas de los ojos, disminuir las orejitas de Dumbo, etcétera.

El punto está en no abusar de las cirugías porque de verdad terminan deformando a los *quirofanoadictos*, borrándoles por completo sus rasgos naturales.

Tu esencia está en tu corazón

El corazón debe ser siempre el **Centro de tus decisiones.** Es la fuerza vital que nos mueve, la pasión que nos motiva para lograr lo que queremos. **No dudes nunca en poner el corazón en donde "te lata", porque él te guía. Pero nunca dejes de lado a la razón, porque es una incómoda, pero sabia consejera.**

El corazón tiene razones que la razón desconoce

Cochinadas

Pasta en salsa de tomate

La amiga de una amiga me contó que por "casualidad"
llegó a sus manos una película xxx,
o sea... una película porno.
Por pura curiosidad la puso y por más que se tapó los
ojos no pudo evitar verla de principio a fin imaginando
que la protagonista de aquella historia era ella.
Esta amiga de mi amiga se quedó un tanto inquieta. Dio
vueltas y vueltas en su recámara pensando cómo podía
apagar aquel fuego que ahora le quemaba por dentro.
Como todas las tardes, llamó a su esposo al trabajo
y le pidió que llegara a las 9 en punto porque quería
mostrarle algo muy importante.

La amiga de mi amiga se metió a la cocina y puso a hervir
una pasta a fuego lento. Después abrió no una, sino 3 latas
de salsa de tomate y las revolvió en un gran tazón. Buscó un
delantal pequeño que tenía guardado, se quitó toda la ropa y
luego se puso el delantal; sacó los tacones más altos que encontró, se agitó el cabello, puso brillo en sus labios y esperó a
que la puerta principal se abriera. Su marido entró y de inmediato le preguntó: "¿Qué hay de cenar?" Ella sólo contestó:
"Pasta en salsa de tomate".
¿Tengo que contarles cómo acabó esta historia?
Ok, Ok... al día siguiente el marido de la amiga de mi amiga
pidió de cenar fresas con crema batida y chocolate derretido.

una cochinada de vez en cuando, a nadie le cae mal.

CELOS

Todas hemos sentido celos alguna vez y es que como mujeres nos consideramos siempre un poquito menos guapas que la tiburona que anda merodeando a nuestro galán.

¿Has pasado por alguna de las siguientes situaciones?

- Descubriste la contraseña de su correo y te metiste a leerlo sin ningún sentimiento de culpa.
- Buscas en su teléfono nombres "sospechosos" creyendo que el nombre de alguna mujer puede estar oculto bajo el de un hombre: Beto=Bety.
- Cuando no te contesta el celular, juras que está con otra.
- Observas sus gestos para descubrir una mirada esquiva que indique que te está mintiendo.
- Te acuerdas con precisión de todos los detalles de su plática y estás en espera de que se contradiga para cacharlo.
- Te incomoda estar en un lugar donde haya una o más mujeres guapas porque crees que tu galán piensa sólo en voltear a verlas.

Si contestaste que sí a más de una... ¡cuidado! Puede ser que tus celos hayan rebasado los límites y corras el peligro de terminar con tu relación, o lo que es peor... volverte loca.

Tengo una amiga que tiene un novio tan celoso, que la otra vez revisó su agenda y le preguntó quién era ese tal octubre. Háganme favor

Si sientes celos porque tu mejor amiga baila con tu chavo y están muy melositos, pues tienes razón, mensa, la muy zorra te lo está bajando.

Ya, en serio, yo tenía un novio tan celoso, que tuve que dejar de salir con mi amante.

Los celos pueden voltear tu vida de cabeza, así que si te reconoces enfermiza, fuera de lo normal, no está de más que platiques con un profesional. Te va a ayudar. Y si es tu novio el que te cela a estos niveles, ¡cuidado, también! Puedes estar en una relación enfermiza. Libérate de esta molesta sensación llamada celos.

CÁMARA

Las cámaras fotográficas y de video están diseñadas para registrar los momentos más importantes de tu vida.

Pero también sirven para juguetear siempre y cuando sea con una persona de toda tu confianza.

Grabarse o fotografiarse en la intimidad es otra forma de atreverte a experimentar con tu pareja, sólo ten mucho cuidado de que ese material quede bajo tu resguardo o de plano sea borrado después de ese momento para evitar posibles sorpresitas.

CAMA

Para nosotras, la cama es el lugar de los enamorados, en donde se cocina nuestro amor....

Para ellos, la cama es donde se "echan" a roncar o a ver el fut, si no es que la convierten en su CÁ-MA-RA pero de gases. ¡Qué horror!

Pero la vida no es fácil y tú fuiste elegida, mi querida niña, para devolverle a este templo del amor sus virtudes y bondades. Por lo que te ruego comenzar a poner límites al australotipecus que se mete en tu cama todas las noches, o de vez en cuando.

En la cama...

* No fumar
* No ponerse pants ni playeras rotas para dormir
* No sábanas agujereadas
* No comer ahí a menos que sean productos 100% afrodisíacos
* No sabanear en caso de que exista una fuga de gas
* No escuchar la tele a todo volumen
* No permitir que ningún amigote se tire también a ver el fut, a menos que ese amigote se parezca al galán de tu telenovela favorita y tu marido no sea celoso

Gracias.
Atentamente, La cama

Dinero

El dinero no es la felicidad, ¡ah, pero como ayuda a encontrarla!

Dicen que no hay mujeres feas, sino mujeres con novios pobres. Y la suerte de la fea... la rica la puede comprar.

Y es que el dinero crea muchos intereses, desde el interés que genera en el banco, hasta el interés que hace que volteemos a ver a un méndigo espantoso en un súper coche.

El dinero es importante sobre todo cuando el galán te saca a pasear. Tú no te fijes en los precios del menú, sólo fíjate en lo que dejó de propina. Si es mucho, éstas pueden ser las razones:

a) El restaurante es muy fino y no le importa gastar mucho en ti.
b) Se equivocó y en vez de dejar un billete de 50 está dejando uno de 500. ¡Avísale o quédatelo!
c) Tanto tú como él no comieron, ¡tragaron!, y lo que deben hacer de inmediato es ponerse a dieta.

El dinero no es la vida, es tan sólo vanidad... pero, ¿qué sería de la vida sin una mujer vanidosa? Entonces, que se aguante el australotipecus y que gaste lo suficiente para que te veas más guapa y radiante.

dinero vs. cuchiplancheo

¿Pero cuál es la relación entre el dinero y el cuchiplancheo?

¡Mucha! Imagínense el dinero que tienen que invertir los méndigos antes de que aceptemos cuchiplanchar, y es que tenemos la difícil tarea de decidir si entregarle o no nuestro tesorito a un caballero hecho y derecho antes de que caiga en manos de un pirata roba tesoros.

Si quieres saber si eres materialista o lo que es lo mismo, una interesada, subraya la respuesta que vaya contigo.

1.Cuando pasa por ti...
a. Te fijas que su coche sea grande y último modelo.
b. No te importa que llegue en bicitaxi.

2. Para cenar eliges...
a. Los mejores restaurantes mínimo 3 veces a la semana.
b. Los tacos de la esquina con tal de dormir con él de cucharita.

3. Tu vida junto a él te la imaginas...
a. En una enorme mansión con mayordomo, cocinero, ama de llaves, chofer y un maestro de yoga para ti solita.
b. Simplemente con él.

Si respondiste a las primeras preguntas que sí, sin duda sí te importa el dinero, la buena noticia es que no eres la única.

DISFRACES

Probablemente muchas nos hemos tenido que disfrazar, ya sea para una fiesta de Halloween, una pastorela o hasta para escondernos de nuestra suegra. Pero más allá de cubrir nuestra identidad, los disfraces pueden despertar fantasías en él.

Los disfraces son una opción para jugar y hacer roles creativos. Imagínate a tu peoresnada de bombero apagándote todo el fuego, o de astronauta recorriendo tus cráteres. ¿No sería divertido?

Nosotras podemos crear nuestro propio vestuario o de plano comprarlo. Yo me he comprado uniformes de enfermera, de maestra y hasta de ama de llaves y créanme que soy capaz de curar, de enseñar y de abrir cualquier puerta.

enfermera

Sorprende a tu galán vestida con una chiquifalda de enfermera y un súper escote mientras él está en la cama. Te aseguro que elevarás su temperatura a 45°...

gatúbela

Sin duda, es uno de los disfraces más sexys. Vestida así, tendrás a más de 10 echándote los perros.

secretaria

Consejo: nunca está de más echarle un ojito a su secretaria. Si está guapa, hay que correrla por ineficiente, aunque tenga buena ortografía.

DISTANCIA

No olvides que la distancia más corta entre 2 puntos, es en línea recta... Y para el PUNTO G, no es la excepción, ya que aparte de que se necesita que esté muy, muy recta... el malhora debe conocer el camino para llegar a él o pedirle a sus amigos que le hagan un croquis. Porque bien dice la canción: "Para llegar al cielo (el punto G), se necesita una escalera grande y otra chiquita... ay arriba y arriba a 3 o 4 cm por donde entré..."

DEPILACIÓN

Así como nosotras preferimos a los hombres guapos, esculturales y exitosos, ellos nos prefieren depiladas.
Y es que el cabello es bonito en nosotras pero el pelo no, ahora sí que: **con pelo no nos pelan.**

El depilado es doloroso, pero recuerda que es más doloroso que a la hora del cuchiplancheo te confundan con un oso. Recuerda que es mejor sacar unas pequeñas lágrimas de dolor provocadas por la cera caliente, que unas lágrimas de risa en él cuando te vea desnuda y con más vello que el que tiene un adolescente en su bigote.

Para ellos es muy atractivo sentirnos lisitas además de que lo ven higiénico. No hay nada que los aleje más, que nos toquen una pierna y sientan la superficie idéntica a la de un nopal o lo que es peor, a la de un oso de peluche.

La depilación en el área del bikini es importantísima, habla de tu personalidad en la cama y además, está de moda.
Puedes darle un look diferente a tu picachú con los siguientes estilos :

Depilado Hitler:
Deja sólo un pequeño cuadrito parecido al bigote de este dictador.

Depilado Xoloizcuintle:
Deja el área del bikini con la piel a medio depilar.

Depilado de beisbol:
Es el preferido de los aficionados al beis y consiste básicamente en dejar un montículo al centro, frente al diamante.
Con este depilado seguramente te echarán una manopla.

Depilado de la Villarreal:
Es un poco exótico y consiste en dejar unas pequeñas trencitas.

Depilado Gloria:
Consiste en dejar el pelo suelto, de hecho no es depilado es más bien un alborotado escandaloso que debes evitar.

Depilación tipo Menchaca:
En forma de corazón.

Y para no andarles robando el rastrillo, porque aunque no lo crean, sí se dan cuenta, les recomiendo acudir a un centro especializado en depilación. No es peligroso. Ahí encontrarán paquetes económicos de las áreas que quieran depilarse para quedar como pompitas de bebés.

DURO

¡Duro con él, que sepa quién manda!
El secreto es hacerlo pensar que él es quien lleva el control. Aunque sólo sea el control de la tele el que dejes que maneje a su antojo. (Y obviamente sólo cuando hay futbol.)
Aunque si quieres que tu galán se mantenga firme y duro... *mejor ve al punto T, de Tamagochi.*

FEB 28 — Diario y Diario

Un diario es un periódico cuya función principal consiste en informarte con las noticias del momento, pero en este libro es imposible que nos refiramos a ese tipo de publicación.

Aquí, el diario que nos interesa es el cuchiplancheo de harina y huevo o lo que es lo mismo, el cuchiplancheo de todos los días.

Pero el chiste de hacerlo diario es que no parezca una rutina; porfa, no lo hagan nunca como si estuvieran haciendo ejercicios de yoga, háganlo como si cada día fuera el último que fueran a cuchiplanchar.

También es sano dar unos días de descanso. Mientras más te extrañen, más querrán tu picachú.

Daniel es...

Duradero

Dominante

Dócil

Divino

Dulce

Duro

46

Querido Diario:

No sabes lo que me pasó esta noche, resulta que volví a salir con Alejandro, sí, el mismo con el que salgo desde hace un mes, ése que en vez de ponerse loción parece que se marina en ella, bueno, pues ése.

La verdad yo no estaba muy segura de volver a salir con él, ya que después de cada cita me quedaba un méndigo dolor de cabeza y no por su plática, sino por tanta loción, pero en fin, el punto es que esta vez estaba recién bañadito y sin loción y me sucedió algo muy extraño: su olor me volvía loca y no podía dejar de besarlo, me lo quería comer todito. Con decirte que llegamos hasta el Home Run. Sí, al cuchiplancheo, y me encantó su olor, un olor a hombre exquisito.

Tal parece que el perfume no es para mí.

Penélope

punto E

EfectiviDAD

Tiene algo que ver con efectivo, pero si a ti lo que te interesa es el efectivo: *mejor regresa a la letra D, de Dinero*. La EFECTIVIDAD es la capacidad de lograr un objetivo causando el efecto deseado o esperado.

Necesitas efectividad para atraer al galán que te interesa y efectividad a la hora de cuchiplanchar. Ahora, que si lo que deseas es atraer y cuchiplanchar con un galán como Brad, los efectos que necesitas son como en las películas, efectos especiales.

La efectividad del cuchiplancheo tiene que ver con la estimulación correcta y el hombre ADECUADO.

Sólo recuerda que para recibir también hay que dar; así tu galán podrá decir: "Mi novia me estimula a la hora del cuchiplancheo", y no: "Mi novia está mula a la hora del cuchiplancheo." *Ir al punto Z, de Zonas erógenas.*

Estrategia

En el cuchiplancheo las estrategias son tantas que podrían pasar fácilmente como títulos de películas mexicanas:

Puedes tener *Amores perros*, lo puedes hacer *Rudo y Cursi*, cuchiplanchar en un *Callejón de los milagros*, pasar *Tu primera noche* con un tipo que te encante y tener mucho *Sexo, pudor y lágrimas* de placer.

Cada quien tiene su propia estrategia para mantener la llama del amor encendida como pebetero de olimpiada. Una de las mejores estrategias es lo que a Houdini le salía mejor: *El escape...*

Seguramente muchas cosas te han de tener atrapada, tu trabajo, los niños, los quehaceres del hogar, un perro faldero. Pero siempre hay una

manera para escaparte con tu pareja y realizar un viaje maravilloso. ¡Ojo! No me refiero a un viaje de sustancias prohibidas, sino a un viaje donde puedas disfrutar otros paisajes, otra comida, otra gente y otros lugares para cuchiplanchar.

Agarra un mapa de tu país y tacha con una "x" las ciudades donde has cuchiplanchado. Si después de eso el mapa está más rayado que un vagón del metro, escápate a otro país o compra un mapa en limpio y empieza a llenarlo de nuevo.

Hay millones de lugares a los que puedes escaparte y tener un fin de semana divertido, por ejemplo:

LUGARES DE AVENTURA Si tienes espíritu de Indiana Jones puedes buscar un lugar para practicar un deporte extremo como los rápidos, nada más trata de que los cuchiplancheos que te eches, no sean tan rápidos.

LUGARES DE PLAYA Es un lugar ideal para disfrutar del sol, la playa y los mariscos, aquí lo único importante es que el marisco no sea tu pareja porque si no, olvídate de que te quiera cuchiplanchar.

LUGARES COLONIALES No hay como visitar sitios históricos que han dejado un legado en el desarrollo de un país: callecitas empedradas, catedrales gigantes, monumentos de grandes personalidades. Ahí podrás tener un cuchiplancheo histórico capaz de armar toda una guerra de independencia en tu relación.

ESPOSAS

Las esposas pueden ser el dispositivo de seguridad que utilizan los policías para mantener unidas las muñecas de los maleantes, o las muñecas que un día se vistieron de novias y le dieron el sí a un babas suertudote.

O sea que si te dicen que tu novio tiene unas esposas, hay de dos: o es un sultán con un harem y muchas mujeres o ¡la policía se lo está llevando!

Recuerda que los hombres suelen fantasear y si le cumples una que otra locurilla a tu peoresnada, se divertirán los dos.

Nota: cuando decidas jugar en la intimidad, hazlo con alguien de tu entera confianza. Los juegos son para divertirse. Si hay algo que no te gusta o te incomoda, pronuncia las palabras mágicas: **no me gusta, no quiero.** Fin del juego y nadie se debe molestar.

MATERIAL

* Juego de esposas forradas de peluche rosa, con llave
* Mascada para vendarle los ojos
* Cama con cabecera

(¡No vaya a ser que tengas todo el material y no la cabecera!)

INSTRUCCIONES

1. Ya que seduciste a tu galán, empújalo a la cama y llénalo de besos en todo el cuerpo.

2. Apaga la luz sin dejar de besarlo.

3. Véndale los ojos y aplícale uno de los besos más ardientes *Consulta la letra B, de Besos y elige uno.*

4. Desabotónale todo lo que se pueda desabotonar mientras subes sus manos a la cabecera y lo esposas.

5. Ponte la llave en el bra y dile que al final podrá rescatarla (recuerda que está vendado y que no puede ver nada).

6. Y ahora sí, practica la A, la B, la C, ¡¡¡la O!!! y todas las letras que quieras con él.

Para otros jueguitos ve a la J, de Juegos.

experimentos

Los experimentos son procedimientos mediante los que podemos comprobar una o varias hipótesis. En el camino del experimento se han tenido grandes aciertos, como las vacunas, pero también grandes fracasos.

Por eso Dios hizo primero al hombre, porque echando a perder se aprende. Experimenta lugares, posiciones, comidas, juguetes, bebidas, aceititos para masajes y lencería para sorprender a tu galán. A los hombres les gustan las mujeres que se atreven a experimentar.

Es importante que revises el mapa de tu cuerpo *(Segundo aviso para checar la letra Z, de Zonas erógenas),* para que recuerdes qué partes no han sido visitadas y puedas experimentar en ellas unas maravillosas vacaciones con tu pareja.

Conviértelas en destinos turísticos por excelencia. **¡Vive tu cuerpo!**

Nada más mantén las puertas cerradas a los inmigrantes ilegales.

PRINCESA DE CUENTO
Es la que se la pasa haciendo los deberes de la casa esperando que llegue su príncipe azul o se le aparezca un hada madrina. Muchas veces, este tipo de esposa termina desesperándose y dándole una madrina al príncipe azul.

TELENOVELERA
Es la esposa sufrida, que se la pasa llorando a moco tendido mientras el marido se la cuernea con todas las guapas de la historia.

HITLERIANA
No es sólo la que lleva los pantalones en la casa, es una dictadora y se hace siempre lo que ella dice.

MADRE TERESA
Es demasiado buena con todos, y tan noble, que un día puede llegar con un vagabundo a su casa para alimentarlo.
Lo malo es que el vagabundo suele ser su marido.

LA CINÉFILA
Es la esposa que domina todos los géneros: sabe cuando ponerle ACCIÓN a su matrimonio, cuando dejar en SUSPENSO a su marido, cuando hacerle un DRAMA para conseguir lo que quiere...

Hoy en día
La definición de esposa es:
Mujer que ha vivido muchas navidades, pero pocas noches buenas.

Experiencia

EN NOSOTRAS

La experiencia es básica para tener un cuchiplancheo placentero para nosotras y para el inútil al que le entregas tu picachú.

CONSEJO:
Aunque tengas mucha experiencia te recomiendo que vayas poco a poco con el atarantado de tu galán porque los hombres son muy mal pensados. Deja que tu peoresnada se crea el maestro, eso les encanta.

EN EL MÉNDIGO

La experiencia que él tenga, es fundamental. Nuestro tesorito es como una consola de videojuegos: ultra moderno y lleno de botones. Pues igual que los videojuegos, un buen jugador debe saber qué botones oprimir para pasar de nivel. Búscate uno de esos jugadores profesionales y tu vida será mucho más placentera.

Aquí te dejo unos TIPS para que sepas si tu galán es un experto o un novato en el ARTE DE CUCHIPLANCHAR

Si cuando besas a tu galán el cuate se pone como perro en pollería tratando de comerse una de tus pechugas... es un novato.

Si tu galán te invita a cenar a un lugar lindo, pide una botella de vino, habla de todo menos de sexo y espera a que tú de alguna manera le hagas saber que quieres cuchiplanchar con él... es un experto.

Si te tardas más en desvestirte que lo que tu galán termina de cuchiplanchar, ni hablar... es un méndigo novato.

Si el cuchiplancheo con tu galán sólo dura lo que dura, dura... sigues con el mismo novato de arriba.

Si después de cuchiplanchar con tu galán terminas muy cansada, muy relajada pero quieres más... estás con un experto.

 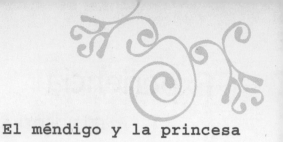

Él y Ella

El méndigo y la princesa

Este es un tema en el que han profundizado muchos autores.

Que si ellos son de un planeta y nosotras de otro; que si debemos de ser más ca… que bonitas, etcétera.

Finalmente, todo se remite a que ellos intentan ser más racionales y nosotras más emocionales, aunque la verdad es que sí son racionales porque "racionan" su inteligencia.

Nosotras fuimos creadas para equilibrar su torpeza.

Una de las grandes diferencias entre ellos y nosotras es que nosotras somos siempre mejores que ellos.

Chistes feministas para utilizar con tus amigas:

¿Por qué se dice que el perro es el mejor amigo del hombre?

Porque entre animales se entienden.

*

¿En qué se parecen los hombres a los chicles?

Entre más los pisoteas, más se pegan.

*

Los hombres son como los músicos:

Vienen, tocan y se van.

*

Un hombre que ha perdido el 80% de su inteligencia:

es un viudo o divorciado.

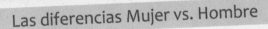

Las diferencias Mujer vs. Hombre

ORIGEN	De la costilla de Adán ¡Qué romántico!	Viene del mono, o sea son unos primates
Intereses	Salud + Amor + Dinero Compras + Viajes + Amigas	Las mujeres
ORDEN	Demasiado ordenadas	No saben qué es eso
Pasión	El Amor + Las comedias románticas + Las bodas	El futbol y videojuegos
Día ideal	Comer con su pareja viendo el atardecer	Solo, echadote en su sillón y viendo la TV

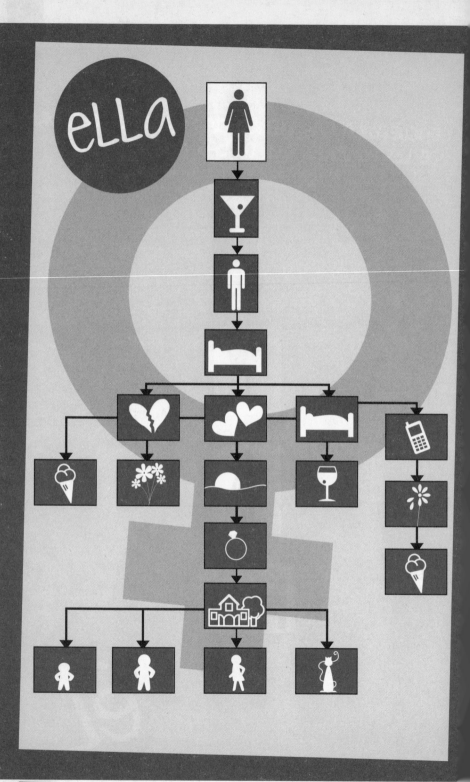

Elasticidad

La elasticidad es el cambio en el tamaño o forma de un cuerpo, o lo que es lo mismo, elasticidad=flexibilidad.

TEST: ¿Eres elástica?

Si ves un papel tirado,
¿puedes recogerlo agachando tu cuerpo sin doblar las rodillas?

¿Puedes colocar tus piernas detrás de tu cabeza y tocar una armónica al mismo tiempo?

¿Puedes rascarte la espalda con las uñas de los pies?

Si tus respuestas fueron sí en las tres preguntas, pasa a la siguiente letra porque eres una contorsionista y ya no tienes nada que aprender. Pero si tus respuestas fueron no, entonces te recomiendo practicar ejercicios de elasticidad.

Estos son unos ejercicios que te ayudarán a lograrlo:

Acostada y sin doblar las piernas,
intenta tocar tus rodillas con la frente.

•

Ahora, intenta tocar tus dedos del pie.

•

Intenta colocar tus piernas atrás de tu cabeza
y lo más lejos que puedas. Eso le encantará a tu pareja
no sólo para el cuchiplancheo.

Una buena elasticidad ayuda mucho al momento de
cuchiplanchar: evita estirones, tendones lastimados
y te permite probar nuevas posiciones.

Futbol

"Hay hombres que son como la selección, nomás andan dando lástima."

El futbol es un deporte capaz de hipnotizar e idiotizar al animal llamado hombre. Cada vez que hay partidos sabemos que no contamos con el gandalla hijo de su madre porque va a estar pegado a la televisión gritando y pataleando.

Yo la verdad nunca he entendido que tiene de emocionante ver a primates corriendo detrás de un balón intentando meter una pelotita entre las redes. Y eso no es lo malo, lo malo es que pueden pasarse gritando y emocionados 90 minutos completitos; pero a la hora de cuchiplanchar no duran ni los dos minutos que agrega el árbitro como tiempo de compensación.

Una vez por darle gusto a un novio futbolero, me hice un body-paint, o sea, me pinté las pechugas como si fueran balones. El muy menso prefirió aguantarse las ganas de tocarme con tal de que no le marcaran "mano". Pero luego me puse unos choninos con una portería pintada a mano y bueno, perdoné al desgraciado porque resultó ser un buen goleador.

Pero, ¿qué relación hay entre el cuchiplancheo y el futbol?
¡Toda!

El futbol puede convertirse en tu peor enemigo si no te
pones las pilas y aprendes algunos de estos truquitos:

En un partido de futbol, la única copa que tu galán quiere ver arriba,
es la de su equipo, no la de tu brassiere; así que usa tu creatividad
y cómprate un bra ultra sexy.

Si tu hombre es un porterazo, ¡ya la hiciste! No sólo se te aventará de
manera espectacular, también hará las mejores paradas.

Si a ti y a tu galán les gusta cuchiplanchar en lugares atrevidos, ten cuidado,
no te vayan a marcar un "fuera de lugar".

Nunca seas tú la que saque la tarjeta, deja que él pague todo con la suya.

Si el canijo es de alto rendimiento y dura mucho cuchiplanchando, ve
agarrando condición física porque seguramente te hará jugar tiempos extras.

Si tu pareja no se acerca mucho al área chica es probable que a tu pastito le
haga falta una podada.

Ahora que sabes que el futbol es capaz de paralizar a cualquier hombre,
aprovecha ese tiempo y vete de shopping con su tarjeta, de todas maneras, lo más seguro es que durante esos 90 minutos, su tamagochi esté
como el volante izquierdo del TRI: Guardado.

DATOS BÁSICOS PARA TENER PLÁTICA FUTBOLERA
(Apréndetelos de memoria y coméntalos de la manera más casual, como
si dominaras el tema. Si te pregunta algo que no sabes, distráelo con un:
"¿Te fijaste en esa jugada?")

* El próximo mundial de futbol será en el 2010, en Sudáfrica.
* Cuando lo escuches hablar de "La orejona", no es una amiga,
  es el nombre que se le da a la copa de campeones de Europa.
* El director técnico de la selección mexicana es el "Vasco" Aguirre.
* Cada equipo tiene 10 jugadores y 1 portero.
* Un partido de futbol dura 90 minutos, divididos en 2 tiempos
  de 45 minutos cada uno.
* Uno de los jugadores más buenos del mundo es Cristiano Ronaldo
  (y muy bueno en los dos sentidos).
* Este dato es básico que te lo aprendas súper bien y lo repitas mil veces
  como oración: El mejor equipo del futbol mexicano es el América, ¡arriba
  las águilas!

Fantasías

¡Ay! Cómo olvidar aquella isla donde Tatú gritaba "El avión, jefe, el avión", y donde se cumplían todas las fantasías de los visitantes. Imagínense que existiera un lugar así que cumpliera nuestras fantasías cuchiplanchescas. ¡Alto! Si alguien está pensando en poner ese negocio, ni lo intenten, les aviso que ya lo tengo registrado.

En las fantasías es donde se ve claramente la infidelidad de los méndigos desgraciados. De 10 hombres a los que les pregunté cuál es su fantasía, 8 me contestaron lo mismo: cuchiplanchar con dos mujeres a la vez.

Los otros 2 eran mudos, por eso no me contestaron, pero estoy segura que pensaban lo mismo.

Fantasear no es malo, al contrario, es terapéutico y liberador. Fantasear ayuda a romper la rutina, a refrescar las relaciones y te hace explorar caminos que ni te imaginabas que existían.

Y si tu fantasía es hacerlo la primera vez en una playa, puedes ir a una playa virgen y salir todo lo opuesto... (No tengo que explicarlo, ¿verdad?)

La mejor fantasía es NO fantasear en cuchiplanchar con otro. Mejor ponte las pilas con el chango que escogiste por galán y dale rienda suelta a tus, y sus fantasías.

¿A poco no sería una buena fantasía leerle el pensamiento a tu galán para hacerle exactamente lo que a él le gusta? Bueno, pues lograrlo es más sencillo de lo que te imaginas.

Lo único que tienes que hacer es fijarte bien en lo que él te hace, en cómo te acaricia, ¿Por qué lo besas en el cuello? (Seguramente es porque a ti te gusta que te besen ahí, ¡exacto, querida! Ambos se hacen lo que les gusta que les hagan.)

Así que memoriza los movimientos que él hace y la próxima vez cuchiplanchesca, sorpréndelo... ya verás lo que pasa.

feromonas

Las feromonas son sustancias que lanza nuestro cuerpo con el fin de buscar una reacción en otro individuo, mejor dicho, en un méndigo.
Casi siempre que un ser humano suelta esta sustancia puede poner al otro como chimpancé en época de apareo.

Así como cuando en las caricaturas veíamos al ratoncito en trance embrutecido por el olor del queso, igual podemos embrutecer a los galanes que pasen a nuestro lado cuando soltamos esta sustancia.

Muchas marcas de lociones y perfumes han querido copiar esta fórmula pero no han podido igualar el poder de este aroma aparentemente imperceptible.

Por eso es bueno dejar de vez en cuando que tu humor natural haga su trabajo y lance sus hechizos para atrapar al hombre deseado. Sólo procura no haber comido ajo porque si no, no atraparás ni una gripe.

FEO + fuerte + Formal

¿El hombre ideal?

Una amiga de mi amiga andaba con el doble de Brad Pitt: el doble de gordo, el doble de tonto y el doble de feo. Pobrecito, dicen que cuando nació era tan feo, pero tan feo, que su mamá mejor quería quedarse con la placenta.

Dicen que lo feo es subjetivo, que es un concepto estético que depende de cada cultura. Tal vez haya razón en eso, podemos ver un hombre espantoso pero en cuanto se sube a su Ferrari hasta guapo lo vemos.

FEO

Pero hasta el chavo o la chava más feos tienen siempre algo muy atractivo. Recuerda que los feos, como defensa, generan métodos de supervivencia: se vuelven exitosos en algo o son los mejores en algún deporte. Como bien decía mi abuela: "La suerte de la fea, a la bonita no le interesa."

Fuerte

A muchas les gustan los hombres fuertes y de cuerpazos, lo único malo es que estos papacitos suelen trabajar todos los músculos menos el principal: el cerebro.

Abusada:
• Un hombre bien marcado es un bombón para ser devorado.
• Que no te engañe. No es lo mismo que tenga abdomen de lavadero a que lo tenga de lavadora. Pásale inspección.

Estar fuerte es una virtud pero también una disciplina, no sólo de los hombres sino también de nosotras, las reinas de sus quincenas. Cuando somos jóvenes tenemos todo fuerte como roca de demolición y con el paso del tiempo todos nuestros músculos se van debilitando como aguacates pasados de temporada. Por eso es muy importante hacer ejercicio y mantenernos en forma para conservarnos apetitosas. Lo más importante es que lo que se haga fuerte en una relación, aparte del tamagochi, sea el amor.

Formal

Lo formal es algo así como legal o aprobado. Aunque si se trata de un auto de formal prisión, seguramente hicieron algo ilegal y no tiene nada que ver con lo que aquí tocaremos.

Lo formal también se refiere a lo elegante, por eso cuando en una invitación de boda dice formal, debes buscar el mejor vestido y a un buen acompañante que también se vea formal.

También lo formal es pasar de una relación más ligera a una más seria, o sea arrejuntamiento o bodorrio, ambos compromisos son para pensarse muy bien.

Femenina

Hija mía, bombón, princesa, recuerda siempre una cosa importantísima: no hay nada mejor en la pesca de hombres que ser femeninas.

NO ERES FEMENINA...

* Si caminas como futbolista a punto de patear el balón.
* Si tus amigos tienen miedo cuando les das palmaditas.
* Si el cajero te pregunta: "¿Encontró todo lo que buscaba, señor?"
* Si en la zona de perfumes te dan a probar una loción de hombre.
* Si un amigo te invita a jugar como defensa en su equipo de futbol.
* Si eres campeona de vencidas.
* Si piensas que el maquillaje sólo lo usan los payasos.

Tips para ser femenina

Cuida tu cuerpo y tu piel como si fueran
patrimonio de la nación.

•

Un cabello dócil, abundante y bien cuidado,
es una buena herramienta de seducción.
Cepíllalo seguido para que no tengas que llamar a los
bomberos cuando él meta sus tentáculos.

•

"Una mujer puede olvidar los choninos, pero nunca
salir sin aretes." Aunque no lo creas, los hombres se
fijan mucho en estos detalles, cuélgate accesorios sin
abusar para no parecer arbolito de Navidad.

•

La ropa interior sexy siempre te hará sentir
más femenina y lo proyectarás.
Di no a los calzones mata pasiones.

•

Cuida tus uñas con pedicure y manicure.
Aunque tus pies no se vean, cuídalos,
nunca sabes cuándo tus zapatos saldrán volando.

FEMENINA vs. FEMINISTA

No es lo mismo ser femenina que ser feminista.
Aunque seas del bando rudo, practica modales y gestos
femeninos que te hagan ver suave y frágil, a ellos les encanta
cuidar que su jarrito de Tlaquepaque no se les rompa.

punto **G**

gracias
gracias
gracias...

Llegamos a él...

¿Qué hago
con él?

¿Dónde
está?

¿Cómo
es?

¿Existe?

¿Qué
es?

Lo primero que debes saber es que el Punto G, ¡sí existe!

En el año 1950, el ginécologo alemán Ernst Gräfenberg, descubrió una zona dentro de la vagina que al ser estimulada podía causar orgasmos intensos en las mujeres: ¡Gracias, Ernst! Los expertos dicen que el Punto G es una zona rugosita que puedes encontrar entrando por tu vagina y recorriendo 5 centímetros aproximadamente avanzando como si fueras al estómago para topar con la pared de enfrente.

Es una esponjita que se inflama cuando el calorcito de la excitación comienza a subir. Es el punto más explosivo y sensible de la mujer porque tiene muchas terminaciones nerviosas, así que si te das a la tarea de localizarlo y aprendes a estimularlo, tendrás algo así como el mejor de tus orgasmos al cubo.

...Aún hay más

punto

Helado y Caliente

Hot significa caliente y helado es lo contrario, frío.
A la hora de cuchiplanchar tú puedes guiar a tu orangután diciéndole frío-frío, caliente-caliente, más caliente, te quemas...

Ahora, si tú eres una chica muy caliente, seguro necesitas un bombero con una buena manguera para que te apague el fuego.

Puedes combinar lo caliente con lo helado, como derramar uno de estos cremosos postres con chocolate caliente sobre su cuerpo. Asegúrate nada más que lo caliente no le vaya a caer en los ojos porque entonces lo que el pobre orangután va a derramar serán lágrimas.

La calentura te puede llevar a hacer muchas locuras, nada más observa cuánto te dura porque si con todos estos secretos no logras bajarla, entonces puede ser influenza.

Para lo helado, puedes derramar un poco de nieve de tu sabor favorito, poniéndola sobre su espalda mientras está acostado boca abajo. Quítasela lentamente con tú lengua... ¿que tal, eh? Aparte de que el sentirá muy rico, tú disfrutarás de un delicioso helado servido en la mejor presentación...

¿Ya se te antojó un "Banana Split" con chocolate, verdad condenadota? Pues no te limites, hay miles de sabores... y presentaciones.

Higiene

La higiene no es sólo por fuera, también es por dentro. Es como cuando llevamos nuestro coche a lavar, por más limpio y encerado que esté, si adentro se encuentra lleno de polvo y maloliente, pues nadie va a querer entrar.

También la higiene del tamagochi es importante, sobre todo si pertenece al club del oso hormiguero, sombrero de merlín, rollito primavera, o cuello de tortuga.

Dile que se lo lave bien, nada más ojo de águila hija mía, si lo ves en la regadera enjabonándoselo muy rápido es muy probable que el tarugo se esté aventando una chambita sin ti.

Báñate y tállate todos los días tus rinconcitos. El mal olor mata cualquier pasión.

kit De Higiene Para La bolsa:

* Toallitas húmedas
* Pastillas De menta
* Perfume
* Desodorante

HORMONAS

No es lo mismo Pásame a tus hormonas que Pásame a tus hermanas

He leído millones de libros sobre las hormonas sexuales, lo que provocan y bla, bla, bla... Por lo que todos mis conocimientos sobre el tema, se los voy a resumir en una frase:

¡Las hormonas son las culpables de la sobrepoblación de este mundo, así que por favor dejen de echarle la culpa al inocente y pobre tequila!

Si eres muy caliente y te encanta que te anden esculcando el picachú... tú no eres la culpable, las culpables son las inches hormonas.
   Si tienes cambios repentinos de humor y pasas de la carcajada al llanto... tú tampoco eres la culpable, las culpables son las inches hormonas.
   Si manejas con las patas y todo el mundo te recuerda a tu progenitora, tú no eres la culpable, las culpables son las inches hormonas.
   Si un día por la mañana te encuentras deprimida, flaca, ojerosa, cansada y sin ilusiones, ahí sí hay de dos: o son las hormonas o es la maldita cruda que traes.

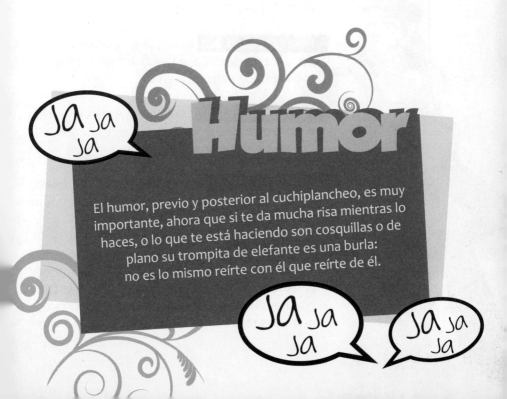

Humor

El humor, previo y posterior al cuchiplancheo, es muy importante, ahora que si te da mucha risa mientras lo haces, o lo que te está haciendo son cosquillas o de plano su trompita de elefante es una burla: no es lo mismo reírte con él que reírte de él.

Haragán

Dícese de aquel panzón que se la vive desparramado en su sillón viendo la tele, tragando palomitas y bebiendo cerveza.

Ojo: los haraganes no nacen, nosotras los hacemos.
El hombre es flojo por naturaleza. En nosotras está que el atarantado no se vuelva un haragán, hay que consentirlos, sí, pero que no abusen.

TIPOS DE HARAGANES

El haragán intelectual Es aquel que se sienta en su sillón ya hundido por el uso, saca el mismo libro que no ha podido terminar en 6 meses... y se jetea.

Haragán deportista Es el que se pone la camisa de su equipo, sus shorcitos de correr, chanclas y calcetas blancas; se acomoda frente al televisor para ver a su equipo favorito con un "six de chelas" y se jetea.

Haragán mentiroso Es al que atrapas jetón cuando regresas de trabajar y te dice: "No estaba dormido, estaba pensando en ti."

Haragán motivador Es el que te apoya, cree en ti y hasta porras te echa para que sigas siendo tú la que trabaja mientras él... se jetea.

Haragán altanero Es el haragán que se molesta cuando le dices: "Eres un bueno para nada", se encierra en tu cuarto... y se jetea.

Haragán artista Tiene la sensibilidad de un artista y llora cuando le dicen que es un haragán, puede comenzar un poema o una canción con la frase que hayas usado para regañarlo. Lo malo es que nunca las termina porque... se jetea.

Punto

Imaginación

Muchas veces hemos dicho que el mejor afrodisíaco es la mente y ésta funciona así cuando nos sentimos atraídos o enamorados.

Aprovechando ese impulso, podemos inventar miles de formas para mantener esa ilusión. Así que comienza a usar tu imaginación.

> Pon imaginación para calentar el ambiente y de paso a tu pareja, nunca es demasiado tarde y nunca se tiene demasiada edad.

Intuición femenina

¿Existe o no existe?

Hay quienes dicen que sí (nosotras) y hay quienes dicen que no (ellos).

Lo cierto es que muchas de nosotras nos manejamos por esa vocecita interna a la que llamamos corazonada, ángel de la guarda o sexto sentido y, por lo general, no nos equivocamos. Esta especie de sexto sentido es como un foco rojo que se prende para avisarnos cuando algo no anda bien.

Las mujeres tenemos una capacidad especial de percepción más desarrollada que los hombres, claro, entre muchas otras cosas. Nos han enseñado a estar más pendientes de los demás, por lo que nuestros sentidos se agudizan.

Así que yo creo que sí existe nuestra intuición y, tengo un solo comentario sobre este tema: ¡SIEMPRE CONFÍA EN TU INTUICIÓN FEMENINA! Si algo te dice que hay gato encerrado o que alguien no te conviene, sigue tus corazonadas.

Intimidad

Mi linda chicorrona, la intimidad es algo más que el mero encuentro cuchiplanchesco de una pareja.

Es una conexión profunda que se desarrolla a medida que la relación avanza. Es como una plantita, necesita tiempo para crecer y hacerse más fuerte.

Describiéndola de otra forma, intimidad es conocernos interna y honestamente. Cuando hay intimidad en la pareja, la comunicación no sólo es verbal, sino también visual y corporal.

TIPOS DE INTIMIDAD

Intimidad física

Es la más divertida, ya que es donde aflojas el cuerpecito y disfrutas, al mismo tiempo que haces disfrutar a tu galán.

Intimidad emocional

Aunque ésta no tiene nada que ver con la pasión y el cachondeo, es básica para disfrutar el cuchiplancheo, pues en ella desarrollamos toda la confianza en nuestra pareja.

Intimidad intelectual

Es un poco difícil de conseguir, considerando que la mayoría de los hombres sólo tienen una neurona. Ya, hablando en serio, éste es el tipo de intimidad, donde hay entendimiento total con tu pareja aun sin necesidad de palabras.

Intimidad espiritual

Es la intimidad más difícil de lograr, pero la mas satisfactoria, ya que llegando a ese punto dos personas se vuelven una sola. Suena cursi, pero es cierto.

¿CÓMO FORTALECER LA INTIMIDAD?

Mis niñas chulas de preciosas, la mejor manera de fortalecer la intimidad de pareja es fortaleciendo la intimidad individual.

Cuando tú sabes quien eres, te sientes más feliz de que alguien te ame así, con tus defectos y virtudes.

Otra parte indispensable para fortalecer la intimidad, es la comunicación. Muchas veces a ellos no les late andar platicándonos lo que les gusta, por eso: ojo de chícharo con esas pistillas que te deja tu galán.

¡Así que, muchachas, a platicar y practicar, pues la práctica hace al maestro!

Infidelidad

La monogamia es el único cuento que tiene un final feliz.

¿Qué es una infidelidad?
Cada quien tiene una versión propia de lo que es la infidelidad.
¿Para ti dónde comienza y termina la infidelidad?
¿Hasta dónde estás dispuesta a ceder y a aguantar?

- Cuchiplanchar con otra persona que no es tu pareja, aun sin amarla, o amándola.
- Mentir, no decir la verdad.
- Enamorarse de otra persona que no sea tu pareja, aunque nunca la hayas tocado.
- Dar un beso o tan sólo caricias a alguien más.
- Un pensamiento morboso con alguien más.

Lo más reciente en esta época moderna, es la *ciberinfidelidad*, ésa donde te chateas cositas cachondas o le haces un striptease de camarita a otro que no es tu media naranja.

Corazón, definir lo que sentimos cuando nos ponen los cuernos, es muy difícil y personal, pero de que duele, duele. Por eso, al empezar una relación, es muy importante establecer y comunicarle a tu pareja, qué es lo que estás dispuesta a aceptar y qué cosas de plano consideras una reverenda puesta de cuernos. Él sabrá si le entra o no. Si te quiere, no tendrá ningún problema en respetar tus límites. **¡Sobre aviso no hay engaño!**

TIPOS DE INFIDELIDAD. Seguramente hay muchos tipos de infidelidad, pero aquí te pongo dos de los más importantes:

La infidelidad de una vez y ya

Es en la que el gandalla de tu gañán se justifica diciendo que estaba en el momento equivocado, tomando la bebida equivocada cuando se le cruzó por enfrente la mujer equivocada.

La infidelidad de capilla

Donde el muy sinvergüenza hijo de su madre tiene una amante estable. El típico donde le promete a la otra ilusa que te va a dejar por ella, pero nunca lo hace. Es esa infidelidad donde muchas veces las mujeres nos resignamos y decimos:
"Él puede tener muchas capillitas, pero yo seré siempre la catedral."

CAUSAS DE INFIDELIDAD

Si algo he aprendido en todos estos años, es que una mujer es infiel cuando ya no se siente deseada por su pareja; y un hombre, cuando no se siente necesitado y valorado por la dueña de sus quincenas. Sin embargo, aquí comparto contigo otras razones por las que alguien decide darle vuelo a la hilacha, fuera de su relación:

POR CURIOSIDAD Típico que el hombre se casa con su noviecita de prepa y después de unos años dice que dizque no experimentó lo suficiente.

POR ABURRIMIENTO Cuando el cuchiplancheo se ha vuelto rutina y todo es monotonía.

POR MIEDO A PERDER LA LIBERTAD Se da cuando uno de ellos siente que el otro está tomando todas las decisiones. Se cree tan controlado por el otro que su forma de rebelarse es siendo infiel.

POR FALTA DE CUCHIPLANCHEO Algunas mujeres piensan que una vez que amarraron pareja, ya no tienen que preocuparse y dejan el cuchiplancheo en segundo plano. No hija mía, ¡noooo! El cuchiplancheo es uno de los pilares más importantes de la relación y hay que tratarlo con el respeto que se merece. ¡Así que nada de poner excusas para no cuchiplanchar!

PORQUE EL OTRO SE LO PERMITE Aunque no lo creas, en muchos casos uno de los dos, generalmente la mujer, acepta que su mendiguísimo méndigo se eche una que otra canita al aire. Lo riesgoso no es que de tanto andar en la calle un día decida no volver, sino que ¡te pegue algo infeccioso!

POR VENGANZA La típica aplicación del "ojo por ojo, diente por diente". Pero para qué rebajarnos hija. Si vas a poner el cuerno, ponlo por que hay una ilusión o un buen antojo, no sólo para darle en la torre al inútil de tu marido.

ESTADÍSTICA

Parship.com.mx la agencia online para búsqueda de pareja estable, ha encuestado a 1,100 solteros inscritos en su página, haciéndoles la siguiente pregunta: ¿qué es para ti una infidelidad?

Infidelidad es...
- 16% - Amor sin sexo
- 34.5% - Deseo sexual por otro
- 36.4% - Sexo o contacto físico

¡Uy, chicas! Podría decirse que con tanto méndigo infiel, las mujeres hemos tenido que desarrollar complejas técnicas para detectar cuando alguien nos está poniendo el cuerno.

Pero si sospechas que tu marido cada noche te da el beso de Judas, puedes utilizar estas técnicas de las mujeres que son muy listillas desde chiquillas:

• Si tu marido se queda en el internet hasta altas horas de la noche, instálale a tu computadora uno de esos programas que rastrean qué sitios visita y qué passwords utiliza para su correo.

• Si el muy gandalla recibe llamadas misteriosas y se encierra en el baño para contestarlas, revisa sus mensajes de texto del celular. Son tan despistados que en cualquier rato olvidan borrar algún mensaje comprometedor.

• Si su celular tiene bloqueo, no te preocupes, para eso existen los estados de cuenta de teléfono. Si hay un número al que hizo muchas llamadas en horas extrañas, llénate de valor y márcalo. Tal vez te conteste la otra.

• Si viven juntos, revisa las cuentas de las tarjetas de crédito. No hay mejor lugar para detectar dónde y cuándo el méndigo está gastando el dinero.

¿CÓMO EVITAR UNA INFIDELIDAD?

Creo que todas nos hacemos la misma pregunta: ¿Necesitamos ponerle un cinturón de castidad al "ojo alegre" de nuestro marido? ¿Un servicio de detective las 24 horas, los 7 días de la semana? ¿Un collar de perros con localizador satelital para saber dónde está?

La mala noticia, corazón, es que no podemos obligar a nadie a que nos sea fiel. La buena, es que hay cosas que podemos hacer para aminorar las posibilidades.

Será mucho más difícil que un hombre le sea infiel a una mujer que le demuestra que confía plenamente en él.

Así que ahí te van estos consejos:
* Establece desde el principio lo que tú consideras una **falta de lealtad.**
* No pierdas nunca la **comunicación.**
* Mantén siempre la **creatividad,** tanto en la parte romántica como en la parte sexual de la relación.
* Constantemente **renueva los acuerdos** en tu relación. Recuerda que la fidelidad, más que un acto de amor, es un acto de convicción.
* **¡Rézale a todos tus santos!**

Enfréntalo: habla de frente

Si sospechas que algo raro está sucediendo, pregúntaselo directamente y sin vacilar. Notarás en su respuesta si tus corazonadas son ciertas.

TEST PARA SABER SI TU PAREJA ES INFIEL

¿Tu galán no es nada discreto cuando mira a otra mujer delante de ti?
¿Tu galán le fue infiel a sus anteriores parejas o a ti en el pasado?
¿Repentinamente, tu pareja ha empezado a interesarse en su imagen, ropa, peinado, etcétera?
¿Misteriosamente le ha aumentado la carga de trabajo?
¿Su celular ha empezado a perder señal frecuentemente?
¿No se despega nunca de su celular?
¿Cierra todos los programas cada vez que deja la computadora y ha cambiado todos los passwords de su correo electrónico?
¿Ya no le interesan los planes familiares y de pareja?
¿Contesta llamadas a escondidas?
¿La cuenta de su teléfono móvil ha subido exorbitantemente?
¿Has encontrado mensajes de texto cariñosos de algún "amigo"?
¿Has encontrado manchas y olores extraños en su ropa?
¿Ha empezado a posponer los encuentros cuchiplanchescos?
¿Se junta con más frecuencia con un grupo nuevo de amigos?
¿Tiene detalles románticos y sorpresivos contigo sin ninguna razón?
¿No se ofende realmente cuando lo llamas "mentiroso"?
¿Se baña apenas llega a la casa, incluso antes de saludarte?
¿Se fastidia por todo lo que haces o dices?

Hazte estas preguntas sobre tu galán. Si respondes sí, cinco o más veces, entonces lo más probable es que tengas dos lindos cuernitos adornándote la frente.

Si acabas de descubrir la triste realidad de que tu marido es un méndigo infiel, ¿qué haces? Todos podemos reaccionar de diferentes maneras, pero acuérdate de que muchas veces la rabia nos empuja a hacer cosas de las que después nos podemos arrepentir. Así que:

- **No actúes impulsivamente.** Mantén la calma y no tomes decisiones atrabancadas que puedas lamentar.

- Si quieres saber los porqués, **espera y escucha**. Si lo atacas, te garantizo que hablará menos que una tumba.

- **Analiza** si hay solución y si vale la pena continuar con la relación.

- **No te hagas la víctima.**
Nos guste o no, cuando una infidelidad sucede, la culpa es de los dos.

- Si deciden continuar, **hablen y lleguen a acuerdos**.
Lo importante es recuperar la intimidad emocional.

- Si decides quedarte, tienes que estar dispuesta a **perdonar.**
Si vives odiando al perdedor de tu marido por haberte puesto el cuerno, te amargarás la vida y no le permitirás arrepentirse de verdad.

- Si decides terminar con la relación, recuerda que al principio no será nada fácil. Utiliza tu soledad para reencontrarte contigo misma y aprende a amarte por lo que eres, no por quien está a tu lado. Vales mucho, así que ten la certeza de que el verdadero amor te sorprenderá, cuando menos te lo esperes.
Mientras tanto, ¡disfruta tu soltería!

Cuando los amigos le preguntan:
¿Oye, tu vieja no se enojó porque llegaste tarde a tu casa?
N'ombre, si estos tres dientes ya me los tenía que sacar.

Punto J

JUEGOS

¡A Jugar!

Aquí te tengo unos jueguitos sencillos, cosas que puedes hacer para elevar la pasión y acabar con la rutina.

Tú, sin duda, puedes modificarlos agregándole tu estilo. ¿Lista?

- Cuando te invite a salir, arréglate muy sexy y en cuanto lleguen al restaurante, cine o lo que sea, entrégale tus pantaletas y dile: "Guárdamelas mi amor", y entra al lugar sin voltearlo a ver.
Te aseguro que el pobre hombre no va a poder concentrarse en toda la noche sólo de pensar en que no llevas nada abajo…

- Durante una noche de pasión, graba el audio. ¡Sí! Estás leyendo bien, sólo el audio de su noche cuchiplanchesca y después escúchenlo juntos. Vas a ver el efecto que provocará en ustedes.

Déjale notitas calenturientas describiéndole todo lo que le quieres hacer cuando regrese de trabajar o cuando se vuelvan a ver.

Descríbele TODO lo que se te antoje en una nota, y si no es muy bruto, con suerte cuando regrese logra hacer ALGO de todo lo que le pediste; porque calientito sí que va a llegar.

Ojo: deja la notita en un lugar en donde estés 100% segura de que sólo la va a ver él, no queremos calentar a nadie más, ¿verdad?

EL CALENTADOR

Dile al oído, susurrando, antes de que se vaya a trabajar, todo lo que se te antoja hacerle, date la media vuelta y dile: "Nos vemos en la noche". Querida, ese día se le van a quemar las habas por regresar a tu casa.

LA CAJITA DE SORPRESAS

Tómate varias fotos haciendo un pequeño *striptease*. En la última foto puedes modelar un lindo traje de lencería. Mándale una cajita muy mona con todas estas fotos organizadas de más a menos ropa y con una última nota que diga: "El resto lo descubrirás al llegar a casa..."

otros juegos

¡Juguemos a la comidita!

Este jueguito es muy fácil, ya que puedes encontrar en tu cocina los elementos para jugarlo.
¿Te gusta el chocolate o la crema batida? Pues no te limites y hazte un postrecito. La diferencia es que en lugar de servírtelo en un plato, lo prepararás sobre el cuerpo de tu pareja, para luego comértelo todito. La regla es NO usar las manos, únicamente la lengüita.

¡Juguemos al personaje misterioso!

Este juego ayuda a mantener la emoción en una relación. Se juega fuera de la recámara. Cita a tu pareja en un lugar desconocido (puede ser un bar o un restaurante). Pídele que cambie su look para asistir a este misterioso encuentro y tú cambia el tuyo, vistiéndote de una forma diferente. Ponte, por ejemplo, una peluca linda con un color distinto a tu tipo de cabello.

Al llegar, empieza a buscar, como si estuvieras en una cita a ciegas. ¿Quién será tu pretendiente? Luego de encontrarlo, coquetéale como si fuera la primera vez que lo has visto en tu vida. Sedúzcanse mutuamente y luego continúen la acción en un lugar más privado (que no sea la casa).

¡Juguemos al hielito que sube y que baja!

Este juego es muy divertido, además de cachondón. Llena una copita coquetona con hielos y llévala a la habitación. Pídele a tu pareja que se acueste. Si quieres hacerlo más emocionante, véndale los ojos.

Ponte el hielo en la boca y pásalo por todo su cuerpo hasta que se derrita. La sensación del hielo frío sobre los cuerpos calientes hará subir aún más la temperatura de tu pareja.

Y ya que tienes la copita de hielitos al lado de la cama, si quieres intentar algo más arriesgado, ponte un hielito "ya sabes dónde", y deja que él lo derrita con los movimientos de su "ya sabes qué".

¡Juguemos al doctor!

¿Necesitas un análisis de cuerpo entero? Recurre a tu médico privado, ése que no quita la calentura, sino que la eleva.

¿Por qué no echar a volar la imaginación y disfrazarse?

Él de doctor y tú de enfermera.

Las posibilidades son infinitas: él de maestro, tú de niña traviesa o él de bombero, pero no para que apague, ¡sino para que prenda tu fuego!

Descubre el juego interactivo de cartas incluído en el libro:
HOY VAMOS A JUGAR A...

Cuando las cosas no van bien en la recámara, es muy probable que tampoco vayan bien en el resto de la casa. Así que si no perteneces al grupo de las tímidas, aquí está el Kuchiplansutra con todo y dibujitos para mejorar las cosas en la intimidad.

La posición que más prefieren los hombres es:
LA DE PERRITO
(De 10 hombres encuestados, 9 la votaron)
Es muy fácil y, la verdad, emocionante para nosotras. Sólo colócate en 4 patitas sobre la cama, es decir de rodillas, y deja que él haga su parte.

Y la favorita de nosotras las mujeres es:
LA REINA DOMINA
(De las 10 mujeres encuestadas, 10 votamos por ella)
Deja que él se relaje acostándose sobre la cama y boca arriba mientras tú te sientas comodamente sobre su tamagochín. Es como montar un toro mecánico en el que puedes controlar la velocidad de tus movimientos. Domínalo, a él le encantará.

CHIVITO AL PRECIPICIO
Dicen que así perdió el diablo (pero ganó muchos amigos). Ésta es una posición clásica y consiste en ponerte en la orilla de la cama buscando hormigas mientras que el hombre con su tamagochi punzante cual corazón de conejito, te toma por detrás.

PINGÜINITO
Funciona mejor dejando el congelador abierto para enfriar el ambiente. Ambos deben estar de pie y él con los pantalones 3 cm exactos debajo de las rodillas. En el momento del cuchiplancheo te haces para atrás y dejas que te corretee como pingüinito por toda la habitación.

ESTA SILLA ESTÁ OCUPADA, DISCULPE USTED

Abusada, no te vayan a contestar: "El que se fue a la villa, perdió su silla". En esta posición tu méndigo sirve de figura de tetris, o sea, embona contigo. Lo bueno de esta posición es que tú controlarás a tu chimpancé si es que tiene un tamagochi Frankfurt, o una vil salchichita coctelera. Esta posición la puedes utilizar viajando en un solo asiento de ida a Taxco y de regreso.

EL EXPRIMIDOR
Excelente para las vegetarianas.
Con esta posición le puedes sacar todo el jugo a tu hombre y si lo haces bien, también puedes exprimirle toda su cartera.

NO, NO, NO ME HABLES QUE ESTOY ENOJADA

Esta es una excelente posición para cuando estás enojada con tu méndigo por que se fue de borrachote. Es la mejor manera de cuchiplanchar sin verle la carota a ese babas. Y si estás muy enojada con él, te recomiendo ponerte una camisa que diga en la espalda: "¡Te odio, tarado!"

SUBE PELAYO SUBE
Esta posición es motivadora y te hace sentir que estás en un programa de concursos, ya que tienes que trepar a tu hombre como tubo encebado para alcanzar tu premio que puede ir desde un gran orgasmo hasta la catafixia en la que te llevas lo que está en su bolsillo derecho.

Al realizar todas estas posiciones no sólo habrás obtenido una gran satisfacción sexual sino que tu cuerpo estará listo para hacer cualquier cosa gracias al ejercicio y a la flexibilidad obtenida. No caigas en la monotonía y atrévete a probar cosas nuevas en la cama con tu pareja, verás lo divertido y sabroso que resulta para ambos.

¡Vamos chicas, a practicar, que el mundo se va acabar!

Lenguaje CORPORAL

Muchos expertos dicen que 60% de la comunicación de hombres y mujeres es no verbal (gestos), 30% está en el matiz y el tono de voz, y sólo 10% en las babosadas que dicen... para mí es bastante obvio, con el ruido que hay en los antros, más vale ser una experta manejando el lenguaje corporal. Te voy a compartir algunos trucos para asegurarte que estás mandando el mensaje correcto.

Contacto Visual. Hay que mantener un contacto visual constante, en intervalos breves, no se trata de clavarle la vista como carcelera. El hombre es más propicio a mirar de frente, en cambio nosotras con una mirada de reojo y una leve inclinación de cabeza, dejando al descubierto un poquito del cuello demostramos una señal de confianza que invitará al orangután en cuestión a que se acerque a ti.

La clave para ser exitosos es no olvidar el balance "APC":

Actitud: Reflejar seguridad y confianza también seduce a los hombres, pero demasiada confianza también puede hacer que el tarugo se espante y piense que si se nos acerca lo vamos a batear.

Postura: Cuida mucho qué dice tu cuerpo, por ejemplo: ¿Qué crees que dicen los brazos cruzados con los puños tensos, un movimiento impaciente de la pierna y la cabeza de lado con los ojos hacia arriba?

Congruencia: Es indispensable que tanto tu actitud como tu postura sean congruentes con el mensaje que quieres enviar, y que vayan de acuerdo al lugar donde estás.

En resumen: en el arte del cuchiplancheo tienes que usar al máximo todos tus sentidos, abre bien los ojos, para bien las orejas, fíjate en lo que dice su cuerpo y busca todas las señales que te mandan para que sepas cuándo muerde el anzuelo, y jalar. Podríamos estar mucho tiempo hablando de esto, es más, podría escribir un libro completo con este tema... pero todavía nos quedan muchos puntos que tocar...

ligue

RECUERDA QUE EN ESTE MUNDO NADIE SABE LO QUE QUIERE... LLEGA DIRECTO CON EL GALÁN QUE TE GUSTA, SÓLO HAZLE SABER QUE LO QUE ÉL QUIERE, ERES TÚ.

El ligue es el paso inicial del cuchiplancheo.

Así que si aplicas bien tus técnicas ligadoras, terminarás conquistando a tu pareja y, eventualmente, cuchiplanchándotelo, ¿verdad? Así que veamos cuales son esos pasos tan importantes a la hora de ligar:

LLAMAR SU ATENCIÓN

Ponte algo con lo que te sientas "¡wow! Esta noche soy irresistible". Una caminata sexy puede ser un buen "aquí estoy", un baile sensual pero no vulgar (no le apliques el embarreishon luego luego), una miradita picarona, etcétera.

EL RECONOCIMIENTO

Ya establecieron contacto visual, el babas ya sabe que existes, entonces un intercambio de sonrisas es la mejor manera de confirmar que uno ha notado la presencia del otro y mejor aún, que esa presencia les agrada. Confírmalo moviéndote un poco del lugar en dondes estás y observando, muy discretamente, si el galán te sigue. ¡OJO! Si te sigue a todos lados por varias semanas, ¡es un acosador!

ESTABLECER COMUNICACIÓN

No sólo de sonrisas vive el hombre. Es momento de hablar. La frase que más utilizamos nosotras es: "¿Y vienes mucho por aquí?" mientras que la favorita de ellos es: "Te estoy viendo desde hace un rato y me gustaría conocerte…" Ahora que si no es muy original, te aplicará la de: "¿Estudias o trabajas?"

EL TANTEO

Ya lo miraste, ya le sonreíste y hasta hablaste con él. Ahora es momento de tantear la mercancía. Conquístalo con un "inocente toquecito", ya sea en el brazo o la espalda. Nada de tocarle otros lados, muchacha, eso déjalo para después… no le vayas a agarrar las petacas y te cobre exceso de equipaje.

¿Dónde hay que ligar? Pues unos dicen que en el antro, otros que en la iglesia, en el supermecado, la biblioteca, ¡en fin! Yo diría que en un lugar donde te sientas cómoda y en tu elemento, donde sea fácil detectar si el galán y tú tienen cosas en común.

•

¿Quién debe dar el primer paso a la hora de ligar? Eso es relativo, pero si vas a ser tú, no seas tan directa. Hazlo de forma sutil. A los hombres les gustan los retos, acuérdate que son cazadores por naturaleza, así que si vas a ser tú quien se lo ligue a él, por lo menos hazle pensar que fue su idea.

Lugares

A la hora de darle gusto al cuerpo, las cosas se ponen más emocionantes y más cuando le echamos creatividad y decidimos no quedarnos rechinando el catre de siempre, sino probar en otros lugarcitos. ¡Así que atrévete a salir de la cama!

Estos son los lugares que me han platicado que son los más comunes por ser emocionantes y accesibles:

UN ESTACIONAMIENTO PÚBLICO

Este lugar se escoge cuando nos urge aflojar el cuerpecito. El problema es encontrar el espacio más retirado, donde no haya ninguna cámara de seguridad. No vaya a ser que al otro día, tu hermanito descubra un videíto comprometedor de ustedes en internet.

EL BOSQUE

Es el típico lugar en el que entregas el tesorito, en pleno intento de reencontrarte con la naturaleza. Nada más aguas de no reencontrarte con un nido de abejas porque puedes recibir otro tipo de piquetes.

LA PLAYA

Este lugar es muy popular entre el gusto de la gente. Sol, mar y arena. Lo que a mí me apura es pensar que con el frío, todo se encoge, muchachas. Además de que tu picachú y su tamagochi pueden terminar empanizados.

EL ASCENSOR

Solo recomendado para los que no son claustrofóbicos. A menos de que tu galán sea conocido como el "más veloz de la cuadra" si no soportas los lugares cerrados, no te lo recomiendo y menos si vives en un edificio de dos pisos.

LA OFICINA

Lugar preferido de los profesionistas calenturientos. Mientras no los cache su jefe o decidan sacarse fotocopia de las nachas y olvidarlas por ahí, no hay problema.

EL AUTO

Típico lugar de los pubertos que prefieren hacerlo en el carro, con tal de no gastar el poco dinero que traen.

EL AVIÓN

Eso no sé si es mito o realidad. Si de por sí hay que hacer malabares para usar el baño de un avión, no quiero imaginar las contorsiones que se tienen que aventar para ser miembros del famoso club de las mil millas.

Ahora que si lo tuyo no es andar de exhibicionista o no quieres ir tan lejos, no hay problema. Estrena cuchiplanchescamente cada rinconcito de tu casa. **Te garantizo que se van a divertir.**

INTERACTIVO:

Ponle más emoción al **cuchiplancheo.**
Imagina los cinco lugares más atrevidos donde te gustaría que te dieran cariñito y escríbelos aquí.

Los 5 lugares donde quiero cuchiplanchar antes de morir son:

1) _____

2) _____

3) _____

4) _____

5) _____

¿Ya los escribiste? ¡Pues pa'luego es tarde!
Empieza a planear cómo harás que se vuelvan realidad esos antojitos.

punto M

Ahí te va una frase para que la pienses:
El que te ama, te hiere con la VERDAD
para no destruirte con la MENTIRA.

mentiras

La mentira es una forma de eludir la realidad. Pero las mentiras matan cualquier relación.

Una mentira muy frecuente entre los hombres es decir que su tamagochi mide más de lo que realmente mide.

Yo no sé porqué hacen eso, me pregunto si desde donde ellos lo ven se verá más grande o usan otro tipo de medición.

Otra gran mentira de los hombres es cuando te dicen que NO les gusta la pornografía, por favor, no les creas nada, aunque bueno, no les gusta, les encanta.

Nosotras, la mujeres, nunca mentimos; yo, Penélope, por ejemplo, a mis 24 años, soy una mujer virgen, claro, con 2 hijas, para mí Santa Claus existe y a mis pretendientes les digo que odio los diamantes.

Muchas veces nosotras hemos mentido teniendo que fingir un orgasmo para no hacer sentir mal al babas que se está merendando nuestro picachú. Esa mentira está justificada.

Si el tamagochi de los hombres creciera como la nariz de pinocho con cada mentira... de seguro le gritaríamos todo el tiempo: "¡Miénteme, Pinocho, miénteme!"

una amiga me pregunta:
- Penélope, ¿tronaste con Roberto?
- Sí, es que le perdí el afecto.
- Pero ese anillazo que traes, ¿no te lo regaló él?
- Sí claro, pero al anillo no le perdí el afecto.

En el cuchiplancheo hay MENTIRAS o leyendas urbanas que arrastramos de generación en generación. He aquí algunas de ellas:

MASTURBARSE PROVOCA ACNÉ

Ésta es la mentira más grande de todos los tiempos. Durante décadas hay quienes han querido reprimir el deseo de hombres y mujeres diciendo que jugar con el picachú o con el tamagochi puede ocasionar ceguera o enchuecar la boca. Nadie ha demostrado que esto tenga algún efecto dañino para el cuerpo. Es típica la advertencia de los abuelos: "¡Déjate ahí niño calenturiento que te van a salir pelos en la mano!" Así que al próximo gorila lleno de granos que veas no le digas "El sacudidas".

LOS HOMBRES SON MÁS INFIELES QUE LAS MUJERES

Ésta es otra gran mentira. Está comprobado que las mujeres también son infieles con la única diferencia que nosotras somos más discretas que algunos que se la pasan cantando sus triunfos con los amigotes. ¿A poco no conoces a una mujer que haya sido infiel?

SI NO HAY EYACULACIÓN NO HAY EMBARAZO

Eso es más falso que muchas de las bubis de mis amigas. Claro que sí te puedes embarazar. Así que no por estar ansiosas de cuchiplanchar olvidemos exigirle al galán que le ponga gorrito al tamagochi. Pruebas científicas demuestran que el líquido pre-eyaculatorio que éste segrega, cuando se pone en acción, contiene espermatozoides capaces de fecundar óvulos. Si te dice: "Termino afuera..." que sea afuera pero de su casa. Nada de sacarlo antes de terminar, mejor que se ponga un gorrito y pides un final de novela en domingo: ¡Todos felices y que dure 2 horas!

LOS AFROAMERICANOS TIENEN MÁS POTENCIA SEXUAL

Esta leyenda urbana se deriva de un hecho impepinable: es muy cierto que, por regla general, los varones de raza negra poseen tamagochis extra largo a diferencia de los hombres de otras etnias. Pero eso no indica que sean más potentes. O, al menos, no existe actualmente ningún estudio científico que avale esta descabellada teoría. Es más, cualquier especialista en cuchiplancheo sabe que mientras más grande sea el tamagochi, es más difícil ponerlo ¡firmes! ya que el corazón debe bombear más sangre para decir ¡arriba corazones!

SI UNA MUJER NO SANGRA EN SU PRIMER CUCHIPLANCHEO, ES QUE NO ES VIRGEN

Esto es una gran idiotez, mejor ni le sigo porque me pongo de malas.

PENSAR EN COSAS DESAGRADABLES O COSAS ABURRIDAS ES UN REMEDIO CONTRA LA EYACULACIÓN PRECOZ

Para nada, y si quieres, haz la prueba. Sería horrible que tú y tu galán estén en pleno cuchiplancheo y él esté pensando en un accidente en la autopista, en la cara de su mamá o en la última reunión de trabajo con tal de alargar ese momento de placer. Pensar en esto más bien podría provocar el efecto contrario y hacer que tu peoresnada se convierta en tu yanoesnada y salga corriendo más rápido que de costumbre.

LOS ESPERMATOZOIDES DE CADA TESTÍCULO PRODUCEN NIÑAS O NIÑOS

Hay desde quienes creen que las posiciones del Kuchiplansutra deciden si es niña o niño, hasta los que dicen que cuchiplanchar con luna llena asegura que sean puras chicorronas las que nazcan, y si había cuarto menguante o creciente, sería niño. También hay quienes piensan que si se come mucha carne, nacerá varón y si se come mucho chocolate, será hembra. Pero, sin duda, la teoría más disparatada es la que dice que cada testículo alberga espermatozoides de un sexo diferente.

EL SEMEN ENGORDA

Esta idiotez tiene, al menos, una base real: las muchas vitaminas, proteínas y aminoácidos que contiene el semen. Pero la cantidad de nutrientes que contiene el semen no son suficientes, ni de broma, para alimentar a una persona. Ahora que si es de un viejito, puede ser requesón.

Estas son algunas de las mentiras cuchiplanchescas más comunes, si tienes alguna duda al respecto, NO dudes en preguntarle a tu ginecólogo de cabecera.

Masajes

Los masajes son una técnica antigua que ha demostrado que puede producir varios tipos de placeres (relajación, excitación, etcétera). Pero el más solicitado de los masajes es, sin duda, el que tiene final feliz, con "calambrito".

Si en el masaje normalito el objetivo es eliminar la tensión muscular, o readecuar el cuerpo que, por esfuerzos físicos, psicológicos o sociales se ha desequilibrado, en los masajes cuchiplanchescos se busca poner de cabeza a tu galán para que pida más y te dé más.

Los masajes chenchualones se dan sobre las terminaciones nerviosas de la piel, no sobre los músculos como en los masajes comunes.

La idea de estos masajes es descubrir qué es lo que le causa placer a tu peoresnada y con ello provocar un acercamiento entre él y tú. Por lo tanto, hazlo con la mente abierta, seguramente descubrirás ciertas partes de tu cuerpo que ni remotamente habías considerado eróticas.

Para nosotras, el masaje es en especial importante ya que produce un efecto similar al de un beso, una caricia u otras formas de juego previo.

El masajito con "final feliz"

Crea un espacio rico de intimidad y hace que conozcas el cuerpo de tu galán, mientras lo recorres te da la oportunidad de concentrarte única y exclusivamente en dar placer o en recibirlo.

Como quien dice, te ayuda a prender el boiler para que después te metas a bañar. Si parece que estás amasando la rosca de reyes en lugar de masajeando a tu galán, mejor échale un ojo a estos truquitos y comienza a practicarlos. Recuerda que tus manos pueden convertirse en boca si lo haces bien.

Truquitos para un buen masaje erótico:

- Consíguete un aceite de bebé o uno cuchiplanchesco de sabores en una Cuchi-Shop.

- Prende unas velitas, pero chenchuales, no vayas a poner veladoras.

- Acuesta a tu hombre sobre la cama y comienza el encuereishon. Deja que el aceite se escurra sobre su piel, lentamente.

- Ahora sí, masajéalo en donde se te ocurra y con lo que se te ocurra. Se vale usar labios, manos, bubis, espalda...

- Empieza por la cabeza, baja a su espalda, masajéale las pompas suavecito, las piernas y ya que lo tengas como agua para chocolate, desliza tu mano hacia el frente y... ¡el final feliz lo escribe cada quien! Aunque dicen que las mejores son las mujeres con Parkinson.

Dale masajes con tu boca, con tus labios. Bésalo por todo el cuerpo, dale mordiditas en los hombros, invéntate tu propio masaje con hielos en la boca.

Los hombres no están acostumbrados a que nosotras les agarremos las pompas, por lo que si lo sorprendes masajeándoselas se llevará una agradable sorpresa. Sólo ten cuidado si tienes las uñas largas.

De nuevo recuerda, la receta secreta
está en el amor

Masturbeishon

Nosotras nos queremos y nos queremos mucho porque sabemos que somos las reinitas. Y si nos queremos mucho, ¿por qué no vamos a darnos placer? ¿A poco nunca te has masturbeishon? ¿¡No!? Pues ya es tiempo de que comiences a intentarlo, porque darte placer es algo normal y te aseguro que por eso nadie te va a mandar al purgatorio.

La masturbeishon es la mejor forma para conocer y explorar tu cuerpo, e identificar tus partes más sensibles.

Una cosa más, la masturbeishon, cuando estás casada o tienes pareja, no quiere decir que seas una mujer insatisfecha; al contrario, quiere decir que disfrutas de tu sexualidad.

Velo así, es como un regalito que tú misma te puedes dar. Te aseguro que el cuchiplancheo con tu galán mejorará 100%. Porque, ¿cómo quieres que ese animal que ronca después de cuchiplanchar contigo te haga llegar al cielo si tú no sabes cómo llegar solita? Nadie conoce tu cuerpo como tú y nadie te quiere como te quieres tú. Como quien dice, apréndete primero el camino para que luego le pases la dirección.

En la actualidad existen juguetes como dildos y vibradores que puedes usar sola o con tu pareja.

Si eres de las tímidas que jamás entraría a una tienda de juguetes eróticos y mucho menos se tocaría, entonces te recomiendo un jacuzzi, si eres muy nice, o una tina que viene siendo lo mismo. Acomódate directamente en el chorro del agua, encuentra una posición cómoda y comienza a sentir. Si te das una ayudadita estimulando tu clítoris, mucho mejor. Así descubrirás en donde te gusta que te toquen y aprenderás a manejar tus tiempos para tener un orgasmo *(ir al punto O)*.

Vamos, anímate y comienza a experimentar esa relación que tienes con tu cuerpo y todo irá bien, te lo aseguro. Para demostrártelo, encontré un dato en internet que dice: **prácticamente toda la población sana se masturba desde edades tempranas hasta el final de su vida, si su salud se lo permite.**

Así que... a darle que es mole de olla,
¡sin penas y sin tapujos!

Punto **N**

Las reinas hemos desprestigiado la palabra NUNCA por usarla tantas veces en situaciones poco creíbles. Sin embargo, bien usada, es una palabra que puede provocar mayor excitación en el hombre.

Sácale Provecho a La Palabra

Nunca

Y UTILÍZALA CON él DE una forma Positiva

✱ "nunca me habían hecho sentir así..."
✱ "nunca había querido tanto a alguien..."

Prepara tus frases para apantallarlos:
 ✱ "nunca..."
 ✱ "nunca..."

Aunque es muy sabida la frase: "Nunca digas nunca", mamacita, estoy convencida de que hay algunos NUNCA que debes de considerar al momento de cuchiplanchar. **Te los paso al costo:**

Nunca te quejes de otras cosas cuando estén en pleno cuchiplancheo, no es momento para los pleitos.

Nunca seas tajante si él está haciendo algo que no te gusta. Mejor díselo de manera romántica o toma su mano y dirígelo hacia donde tú quieres. Acuérdate de que en el pedir está el dar y en el dar, el placer.

Nunca hables de algún error cuchiplanchesco en el mero momento porque puedes herir susceptibilidades. Mejor espera un ratito adecuado o al menos un día después para platicarlo con tu pareja.

Nunca des indicaciones a tu galán a la hora de cuchiplanchar: "¡Derecha, derecha, izquierda, más abajo, más arriba , ya te pasaste!" ¡No, hija! Eso mata la pasión y hace que pierdan la concentración. Eso no quiere decir que no tomes la iniciativa, es muy diferente.

Hombres, si están leyendo esto, por su madre: NUNCA se dejen los calcetines puestos, NUNCA coman frijoles, ni ajo, ni cebolla antes de un encuentro romántico, NUNCA se vayan a quedar dormidos a la hora de la hora por más cansados que estén y NUNCA utilicen ropa interior sucia o agujerada.

"¡Ay, qué pasión; ay, qué hombre; ¡hay que pagar el gas, hay que pagar la renta!"

"Tu primo grita igualito que tú."

"¿Has subido de peso?"

"¿Cómo dijiste que te llamabas?"

"No grites, que no escucho la tele."

"¿Eso fue todo?"

"¡Ay! Creo que cambiaron el color de la alfombra de este motel."

Y por último, cosas que NUNCA hay que decir respecto al tamagochi del galán en cuestión:

"Deberías de comprar condones de tu tamaño"
o... "¿No los hacen más chicos?"

"¿Ya está adentro?"

NO

- Déjame tomarle una foto a tu tamagochi...
- ¿Por qué? ¿Te gustó?
- ¡No! para amplificarlo.

"¡No sabía que venían en tamaños tan pequeños!
Pero... ¿sí crece, no?"

"¿No te prendo?" o: "¿Eres pequeño?"

Además, mi niña, nunca permitas que nada ni nadie te
haga sentir mal, porque aquí viene la palabra mágica de la letra N:
debes aprender a decir **NO**.
NO quiero, NO me gustó, NO me parece, NO se me hace justo,
NO me maltrates, NO es lo que yo creo, NO puedo prestarte dinero,
NO estoy de acuerdo.

Punto G

como que de repente se nos esconde

Aquí te doy un ejercicio para que puedas encontrarlo fácilmente, tú decides si sola o con ayuda de tu galán.

Para estos ejercicios, es bueno tener siempre un lubricante de los que venden en cualquier farmacia para estimular y evitar que tu tesorito se roce.

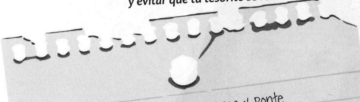

1. Acuéstate en la cama y ponte almohadas debajo de la pelvis para que tu Picachú quede a lo alto.

2. Introduce tu dedo, dedos, o su dedo, a tu Picachú, bien lubricados, y lánzate a la aventura de encontrar tu punto G (es una zona más rugosa ubicada en la pared anterior).

3. Presiona suave y firme, mueve el dedo con un ritmo rápido de derecha a izquierda, hacia atrás o en círculos para comenzar a estimular a tu nuevo amigo: EL PUNTO G.

4. Es posible que puedas llegar a expulsar un líquido transparente al llegar al orgasmo, ¡no te preocupes! porque no es pipí, es eyaculación femenina y es completamente normal, no huele a nada y a los hombres les emociona que llegues a este punto. Así que flojita y cooperando.

...Continuará

ORGASMOS

O más bien dicho OOOOOOOOOOOOOORgaaaaaaaaaaaaaasmos; es el clímax del placer sexual, en las películas siempre es representado con el despegue de un cohete, fuegos artificiales o una explosión nuclear.

El orgasmo es como caminar en las nubes, como llegar a la meta en un maratón de olimpiada, como nadar con delfines en un lago de champaña, como sumergirte en un algodón de frambuesa... ¡ups! perdón, me dejé llevar.

El orgasmo es algo más rico que Ricky Ricón, muchísimo más y dura poco porque si no, moriríamos de placer; eso sí, muy contentas.

El orgasmo ocurre frecuentemente más rápido en el hombre que en la mujer, así que si hay un méndigo hojeando este libro ya sabe que tiene que esperarse y echarle ganas.

El orgasmo es el premio después de un buen trabajo de cuchiplancheo. Acuérdense: el orgasmo es de quien lo trabaja.

Amigas, si ustedes nunca han experimentado un orgasmo, es como si me dijeran que nunca en su vida han leído un libro, que jamás han visto una película que nunca han sonreído. Pueden intentar llegar al orgasmo ustedes solas como si fueran pilotos de carreras para luego estar de copiloto y darle las instrucciones al galán que va manejando.

Recuerden que orgasmo tiene "O" de olimpiada, o sea que brinquen, naden, pataleen, échense el maratón, la gimnasia olímpica y cuélguense esa medalla de oro llamada orgasmo.

ORgasmo:

Reinas, no tenemos que explicar lo que es un orgasmo. Querida, si no tienes una idea clara de lo que es, es que no has sentido uno, porque un orgasmo es algo que no se puede confundir con nada en el mundo.

Lindas hermosas, de nada sirve tanto calentamiento previo si no llegamos a la gran final. Ponte las pilas y dile adiós a las actuaciones que sólo te harán ganar un Oscar, está bien que no quieras hacer sentir mal al galán que está contigo en la cama, pero no a cambio de perderte la maravillosa experiencia de vivir un orgasmo con TODAS SUS LETRAS.

Fingir no sólo nos perjudica a nosotras, sino también a nuestra relación, porque como el galán en turno no se va a enterar nunca de que es un papanatas, pues jamás hará nada para mejorar la situación.

RegLas Para un buen ORgasmo:

1. No puedes estar ahí tirada en la cama esperando a que tu hombre lo haga todo, de por sí listos lo que se dice listos, no son. Nadie conoce mejor tu cuerpo que tú misma.

2. Ponte tareas como encontrar un orgasmo estereofónico, ¡sí!, ése que se siente por todos lados y a todo volumen.

3. Puedes jugar a probar muchas posiciones para encontrar la que te lleve al infinito y más allá.

4. A las mujeres nos cuesta más trabajo tener un orgasmo. No te sientas mal si te tardas más o si sólo lo logras de una sola forma, el chiste es que encuentres esa forma.

5. Deja siempre que te ayude a terminar como a ti te gusta, no trates de convencerte con que "bueno, no terminé pero fue muy romántico". ¡No, hija! No hay nada peor que estar como olla express a punto de estallar y que te apaguen la estufa. Lo único que logras es sentirte frustrada, irritada, con ganas de llorar y odiando a ese móndrigo hombre al que tú deberías de mostrarle y decirle lo que a ti te gusta.

Olores

El olfato es fundamental en una relación, fíjate que cuando olemos algo se estimulan nuestras emociones y es por eso que los aromas son básicos en el cuchiplancheo, porque provocan que ese méndigo y tú se pongan como fieras.

La famosa "química" es el gusto por el olor de ese méndigo que te interesa y las feromonas son los olores eróticos del cuerpo, éstas son súper poderosas. Pero si quieres ser aún más atractiva para tu galán, checa estos tips de aromaterapia.

Esencias básicas y efectos para darle un toque especial al cuchiplancheo:

Jazmín. Totalmente erótico, ideal para que ese méndigo se entregue sin inhibiciones.
Rosa. De aroma absolutamente sensual, por si buscas una noche muy romántica.
Lavanda. Por si quieres algo leve, un encuentro suave, tierno y amoroso.
Sándalo. Por si quieres algo diferente, olvídate de la rutina y aumenta la creatividad.
Bergamota. ¡Adiós, cansancio! Alivia tensiones y levanta todo, hasta el ánimo.

Y seguro estarás pensando: "¿Y cómo los uso?" Pues mira:
• Dale un sensual masaje con su aroma favorito.
• Prepárale un bañito de tina con algunas gotitas del aroma y shampoo.
• Compra varitas de incienso para el momento del cuchiplancheo.
• ¡Aromatízate!, y úsalo como perfume.

Nota: Recuerda siempre que el aroma que desprende cada cuerpo al momento del cuchiplancheo es insuperable e inigualable, no lo opaques, ¡procura siempre estar bañadita!

ORganizándonos,
que es gerundio

Cuántas veces has esperado al méndigo con baby doll, pétalos de rosas en la cama, y cuando llega el infeliz te dice que no trae ganas; o al revés, cuantas veces ha llegado él de trabajar con la libido ardiente, la energía de un marinero y has sido tú la que lo ha bateado.

La verdad es que el cuchiplancheo debe ser espontáneo como un comediante de centro nocturno, pero lo organizado también puede ser muy divertido, por ejemplo: planear un viaje a Las Vegas no tiene por que ser aburrido.

Si te organizas un día a la semana y él sabe que esa noche le toca, los jueguitos previos como mensajitos, fotos y demás, pueden ir preparándote el pollote rostizado que te vas a comer.

HERRAMIENTAS PARA ORGANIZARNOS:

Agenda electrónica
En ella puedes anotar el compromiso. Nada más intenta no poner cuchiplanchar, porque si lo ve tu jefe puede tacharte de calientota.

Celular
Sirve para ir hablándole en el camino y decirle qué traemos puesto, qué nos vamos a hacer, etcétera.
También puedes mandar mensajitos o fotos de cómo te vas quitando la ropa mientras lo esperas. Nada más no vayas a hacer que se estrelle por ahí. Y ya si de plano no se te ocurre nada, hija, pues usa el celular para llamar al **01 800menchaca** y yo te daré unos tips.

El internet
Mándale un mail cachondo diciéndole lo que le espera.
Nada más revisa muy bien la dirección electrónica de tu méndigo en cuestión, no vayas a mandarle fotos comprometedoras a tu jefe o a alguien más que luego no puedas quitarte de encima.

Otra cosa que es muy importante es que organicen todos los pensamientos e ideas después de toda la bola de sugerencias y recomendaciones que les estoy dando **para cuchiplanchar.**

Pasión

¿De dónde nace esta palabra?, ¿cómo la encuentro? y ¿qué es lo que provoca?

El origen de PASIÓN, según nosotras

Esta palabra nace directamente del corazón, pasa por el estómago haciendo sentir las clásicas maripositas, toma dirección a la boca y desata las palabras que nos hacen sentir como las reinas que somos.

Después, la pasión se dirige rápidamente hacia los ojos, provocando las miradas más cachondas del mundo para finalmente bajar en caída libre hacia el tamagochi, convirtiéndolo en un verdadero gigante que pueda complacer al tesorito, las veces que quiera cuchiplanchar.

El origen de PASIÓN según los méndigos

Esta palabra nace directamente de la playera de su equipo de futbol, pasa por el refrigerador, en específico por donde están las cervezas y las carnes frías, termina en la boca con un grito ensordecedor de ¡Goooooool!

Los tipos de pasión mas famosos son:

Pasión desenfrenada

Cuando cuchiplanchamos a toda velocidad y sin ningún freno. Es la más emocionante pero la más peligrosa, toma tus precauciones y frena, aunque sea con motor.

Pasión juvenil

Se da cuando salimos con méndigos que tienen cinco años menos que nosotras.

Pasión de Chupitos

Suele pasar cuando nos emborrachamos y vemos guapo a cualquier perdedor que tengamos al lado. Ten cuidado, porque como dice la amiga de una amiga: "Nunca me he acostado con un hombre feo, pero sí me he despertado con muchos."

Princesas

No hay mucho que explicarte, porque tú eres una de ellas, sólo fíjate con cual te identificas.

✳ Princesa Blancanieves
La que se la pasa todo el día dormida, tiene a 7 asistentes, y en la noche se despierta con un beso, sólo a cuchiplanchar.

✳ Princesa Cenicienta
La que le gusta llegar antes de las 12 a su casa, obviamente, después de cuchiplanchar, y acostumbra dejar una prenda en casa del orangután, para que al otro día se acuerde de ella, y tenga un pretexto para buscarla.

✳ Princesa Sirenita
La que si no hay anillo, carro, casa, y una muy buena pachanga, no entrega el tesorito.

✳ Princesa Tibetana
Le gusta hacerse del rogar para que el méndigo le cante y le pida más, más y más...

✳ Princesa Fiona
Es fea por fuera pero bella por dentro y seguro terminará con un ogro buena onda que tiene un amigo muy burro.

✳ Princesa Lea
Es aquella que siempre anda en las galaxias. Es linda pero muy analfabeta y todos le dicen: "¡Ay, princesa: lea un libro, por Dios!"

✳ Princesa Brosa
Es aquella que se ha ganado su corona por sus curvas espectaculares.

✳ Princesa Lady D
Es esa princesa que es toda una lady (o sea muy femenina) y usa copa D.

PUDOR

Se confunde a veces con pena. Pero para mí el pudor es un mecanismo que las mujeres podemos aplicar para hacer que el méndigo sienta que está con una verdadera princesa, a la que debe proteger en el calenturoso camino del cuchiplancheo. Créeme, tu pudor hará que él se enamore más.

FRASES QUE DEBES APLICAR

No, yo no voy a ir a tu departamento en la primera cita
Significado: que no piense que está saliendo con una de las tantas con las que acostumbra salir.
Realidad: tú no quieres ir a su departamento, porque conoces perfectamente el edificio en el que vive ya que has cuchiplanchado varias veces con algunos de sus vecinos.

Me gusta dormir con pijama
Significado: creerá que estás nerviosa y ante sus ojos te verás como una princesa tierna e inocente.
Realidad: ese día no te dio tiempo de depilarte las piernas, y harás todo lo posible para que no se de cuenta que eres más velluda que Chubaca.

Hay que cuchiplanchar con la luz apagada
Significado: parecerá que eres penosa y recatada.
Realidad: te han llegado rumores de que su tamagochi es bastante pequeño y prefieres no verlo para no llevarte tremenda desilusión.

No doy besos en la primera cita
Significado: quieres seguir conociéndolo, y al parecer, esa será la primer cita de muchas.
Realidad: el méndigo tiene un terrible aliento de dragón.

Poesía

Dicen que en la poesía está la respuesta a todas las preguntas. Las palabras seducen, nos preparan para ese momento mágico. Quiero compartir contigo a uno de mis escritores mexicanos favoritos: Roberto Gravitando.

Hoy decidí colocarte
en el centro de mi amor.
Al centro, a la mitad de mi todo.
En el mejor de mis lugares.

En el centro, donde desde cualquier
coordenada puedo mirarte
y aun cuando los ojos por orgullo cierre,
caminando a ciegas
para que contigo tropiece.

En el centro, a la mitad de mi cuerpo,
donde pueda protegerte
con todo lo que soy.
Donde tu dolor se convierta en mi dolor,
pues siempre duele menos
cuando le duele a dos.

Al centro de mi amor,
donde se encuentra el timón
y tú, a partir de ahora,
serás mi dirección.

En el centro,
justo al centro de mi amor,
donde pongo lo que más quiero:
los sueños, los recuerdos, los anhelos,
mi sangre, mi credo.

Al centro de mi amor, de mi todo,
en el cuarto de control,
donde soy vulnerable y frágil,
donde si deseas destruirme
basta con que oprimas un botón.

Hoy lo decidí
voy a colocarte
al centro de mi amor.

Roberto gravitando

Tú y sólo tú tienes la decisión de colocar al móndrigo en el centro de tu amor.

106

Preservativos

Si quieres preservar tu salud y tu tranquilidad hazlo con un preservativo, es la única forma de evitar lo que no queremos que pase: enfermedades, embarazos no deseados...

Los preservativos son esos globos que ahora usamos en las fiestas del amor y son vulgarmente conocidos como condones.

Aquí te pongo una lista de los tipos de preservativos que existen para que después no digas que a Chuchita la bolsearon. Te sugiero comprarlos tú si tu peoresnada se hace guaje.

TIPOS DE PRESERVATIVOS

Los preservativos gastronómicos

Son aquellos que incluso tienen un sabor frutal para echarse un buen pollito, pero procuren tener cuidado porque no se comen, ya que su digestión es demasiado lenta por más lubricante que tengan.

Condón tornillo

Es aquél que tiene una superficie similar a la de una rosca de tornillo.

Condón vibrador

Es el que se mueve más que un abogado bien pagado, tiene un artefacto que lo hace vibrar como cuando tienes tu celular en modo de reunión.

Condón disfraz

Es aquél que tiene dibujos que pueden ir desde una trompa de elefante, una espada láser, hasta la Torre Eiffel.

Condón con relleno

Es aquél diseñado para suplir las carencias de tu pareja, nada más si lo llegas a comprar asegúrate de que efectivamente hayas comprado un preservativo y no medio kilo de chistorra.

Condón fosforescente

Con éste puedes jugar bastante en la oscuridad, pues brilla. Sentirás que estás en plena pista de despegue con tu australotipecus señalándote con un tubito de luz, haciendo despegar tu avión. También puede servirte para buscar tus llaves si se va la luz.

Penélope

¿Quién es Penélope?

Te voy a contar cómo normalmente me describo.
No soy ni más ni menos que cualquier otra
persona, soy un ser humano común y corriente que ha
amado intensamente y ha llorado con la
misma intensidad.

Creo fielmente en el amor.
Estoy segura de que cuando encuentres a tu persona deseada
la vida se convertirá en un cuento de hadas, aunque sólo sea
por un corto periodo de tiempo.

Como te darás cuenta, soy una soñadora
incorregible y como no soy precisamente un bebé,
sé muy bien que lo soñadora jamás se me quitará.

Alguna vez, y digo "alguna vez", porque sólo fue una, fui
infiel y si voy a ser sincera, no me arrepiento de haber andado
con aquel hombre, pero sí me arrepiento de haber sido infiel.
Comprendí que fue por cobardía, pues debí de haber terminado
con la relación en la que obviamente no era feliz,
y después darle vuelo a la hilacha,
si tantas ganas tenía.

Pero no fue así, busqué la salida más fácil, aunque al menos
me prometí que jamás volvería a hacerlo y llevo más de 10
años sin romper mi promesa.

Por eso, hija mía, te decía en la I de infidelidad que para mí,
la monogamia es el único cuento de
hadas que tiene un final feliz.

He aquí algunas de mis frases y filosofías de vida favoritas que me han ayudado a sobrevivir de los dragones, brujas, sapos y hechiceros en mi cuento de hadas:

Disfruta del hombre equivocado mientras llega el indicado.

Quizá tú eres la mujer indicada pero él siempre seguirá siendo el hombre equivocado.

Los hombres no encuentran el punto G, que digo el G, a veces ni siquiera llegan al C.

Las mujeres no somos como las televisiones, que cualquier baboso nos prende.

Las mentiras más comunes de los hombres para que caigamos redonditas son: "Eres como un lucero", "te bajaría las estrellas" y "contigo hasta la muerte". De entrada no saben lo que es un lucero, las estrellas no se bajan y si se quieren morir, que se mueran solos.

Los globos necesitan aire, como las flores necesitan agua, como algunos hombres necesitan un cerebro.

¿Me rasure las piernas nada más para esto?

Las citas a ciegas son como ir al circo... nunca sabes si te va a salir un payaso o un animal.

Algo que precisamente no decías cuando de niña te terminabas la sopa, pero ahora, a la hora del cuchiplancheo, se ha convertido en una frase casi de batalla.

¿Pero acaso es la frase más dicha en la cama de tu casa? ¿Qué pasa cuando quieres más y no puedes o no sabes cómo decirlo?

Empieza dándole un codazo al méndigo que no es cumplidor.

Pero como en todo, hay que saber dosificar el uso de esta frase.

Algunos ejemplos en los que puedes emplearla de manera muy sutil, son:

Quiero más...
regalos antes de que pases por mí.

Quiero más...
partidos de futbol que pueda interrumpir,
con antojos de ir al cine o al teatro.

Quiero más...
espacio en el clóset, porque ya no caben
tantos zapatos que me regalas.

Quiero más...
cuchiplancheo... ¡no te hagas el dormido!
Aprovecha que hoy no me duele la cabeza, babas.

Y si has guiado bien a tu monigote gracias a este libro, si has aprendido algo de esta guía o el méndigo que lo está hojeando pone en práctica algo, a la hora del cuchiplancheo seguro él lo hará tan bien que tú le podrás gritar: **"¡Quiero Más!"**

Química

A pesar de que las clases de química no eran mi fuerte, puedo decirte que en estos años he aprendido que la química entre dos personas sí existe aunque no se pueda explicar. Yo no diría que es amor a primera vista, porque aquí entre nos, yo no creo en el amor a primera vista, yo creo en el antojo a primera vista, así que si se te antoja alguien un montonal... querida, eso es química. Y pensándolo bien, la química tiene mucho que ver con las matemáticas cuando se trata de fórmulas.

Si tampoco eres buena en química, por lo menos apréndete estas 3 formulitas, de algo te han de servir:

REGLAS DEL JUEGO

La verdad es que las reglas del juego deben de ir al principio, pero como empiezan con R y no con A, aquí van, ni modo.

El juego no empieza hasta que todos leen las reglas, hasta que abres el tablero y eliges el color de la ficha. Siempre que intentes algo nuevo con tu pareja, platícalo antes para que no haya sorpresas que puedan hacerte sentir incómoda; las sorpresas ricas sí se valen, pero las otras no.

Existen 3 reglas indispensables
en el cuchiplancheo:

1. Seguridad   2. Higiene

3. Nunca hacer algo que no te guste

Teniendo esto claro, tendrás el poder de decirle a tu galán AVANZA HASTA LA META o RETROCEDE 2 CASILLAS.

Ritual para que se enamore

MATERIAL
* 1 lápiz
* 1 hoja tamaño carta
* Botella con miel de abeja
* 1 cucharada de azúcar morena

INSTRUCCIONES:
1. Corta la hoja a la mitad.
2. En la primera mitad de papel, escribe 3 veces el nombre del méndigo que te interesa.
3. En la otra mitad, escribe tu nombre completo también tres veces y ponlo encima.
4. Mete los dos papeles enrollados en una botella con miel de abeja.
5. Agrega una cucharada de azúcar morena.
6. Tapa la botella, agítala.
7. Guárdala en el cajón de tus prendas íntimas y agítala cada 3 días.

Nota: si el cajón se te llena de hormigas, cambia el nombre del méndigo en cuestión y empieza de nuevo.

Tengo que hacerte una confesión, cuando tenía 17 años, ¡uy, hace mucho!, había un chico que me encantaba pero que no me pelaba para nada, así que una amiga me recomendó un ritual para que el méndigo escurridizo cayera redondito a mis pies...

Lo que tenía que hacer era poner la foto del susodicho en un vaso transparente lleno de agua. Luego tenía que dejarlo en un lugar donde nadie lo viera y hablarle todos los días al reflejo de la foto en el vaso diciéndole todo lo que yo quería que él hiciera. En mi caso sólo era que quedara perdidamente enamorado de mí.

Y así lo hice hasta que el agua se evaporó sola. Créelo o no, al desaparecer el agua, el chamacón se moría por mí. Andaba como loco tras mis huesitos. El problema aquí fue cuando descubrí que el chavo ni me gustaba tanto y que tanto piropo y persecución me ponían de malas. Tenerlo como perrito faldero se convirtió en una pesadilla y fue entonces cuando comprendí por qué dicen que uno no debe de obligar a nadie a estar contigo.

Es como si estos rituales, por más blancos que sean, rompieran la verdadera magia del amor. Te lo dejo de tarea y si aún así insistes, pues aquí te dejo otra recetita...

San Antonio... Encuéntrame novio
San Crispín... Que no sea rapidín
San Hilario... Que me de todo el salario
San Alejo... Que no sea... tonto
San Matías... Que le guste todos los días
San Eusebio... Que no sea ebrio
San Canuto... Que no sea... bruto, claro está
San Gratas... Que no le apesten las patas
San Carbajo... Que no le falte el trabajo
Santa Ana... Que siempre tenga lana
San Paquito... Que no lo tenga chiquito

Reconciliación

Esta es una de las palabras más ricas del abecedario y es que, bien dicen, "después de la tormenta siempre viene la calma."

Todas las parejas tenemos altas y bajas; se vale estar de malas, enojarnos, ponernos celosas, decirnos lo que no nos gusta, pero siempre una reconciliación es lo que fortalece nuestra relación y qué mejor si la reconciliación es en la ca-mi-ta con un buen cuchiplancheo.

De hecho, yo tenía una amiga que le gustaba tanto el cuchiplancheo de reconciliación, que a propósito armaba peleas.

¿Te paso un tip?

Invéntense una palabra clave para que cuando estén discutiendo a todo lo que da, uno de los dos dé su manita a torcer y suelte la palabra mágica: churros, tamagochi, no sé, para que si no se reconcilian al momento, por lo menos se acabe el pleito.

Déjale una notita sobre la almohada con una invitación:
"¿Te bañas conmigo?"
"¿Nos dormimos de cucharita?"

Si él acepta, la reconciliación habrá iniciado,
lo demás es chamba tuya, hija mía.

Punto S

Seducción

La seducción es el arte de abrir nuestras florecitas para atraer a esos tarugos a polenizarnos. Seducción tiene que ver también con todas las artimañas de las que se valen esos haraganes para hacernos caer en sus cochinas redes.

El chiste de la seducción es que aprendas a soltar pequeñas dosis de este idiotizador natural de méndigos que tenemos las mujeres para que tu galán caiga como mosca fumigada por tu amor.

Usa todo tu cuerpecito para seducir: un cadencioso movimiento de caderas, una cruzadita de pierna de repente, un pestañeo suave, un roce de tus manos con su piel, una pasadita de uñas por su espalda... acuérdate de que los hombres son un manojito de terminales nerviosas que se alistan en cuanto tú mandas la señal.

Seducir también tiene su técnica, mamacita, ve poniéndola en práctica.

SEDUCTORES

En la historia de este mundo hemos tenido grandes seductores, desde Don Juan en las letras, hasta Mauricio Garcés en nuestro cine nacional, y su clásico piropo: "¡Arrooooooz!" (que en realidad si lo lees al revés dice "¡Zoooooorra!").

Tipos de seducción

Seducción del nadador
Es aquella que te hace sentir mariposas en el pecho. Te da brazadas suaves en el dorso, y con sus encantos terminas echándote un buen clavado.

Seducción Las Vegas
Es aquella que para seducirte siempre trae un as bajo la manga. Al principio se porta como un rey, y después de entregarle tu flor imperial, se echa una corrida como un vil joto.

Seducción de policía
Comienza orillándote a la orilla. Tiene tanta autoridad que terminas enseñándole todos tus papeles. Es tan irresistible que acabarás dándole una mordida, mientras él te esposa.

Seducción de músico
Su voz es música para tus oídos. Nada más ojo, porque mientras te hace sentir en armonía puede ir abriendo poco a poco tu compás. Tiene muy buen ritmo, dale el SÍ pero no se lo des en FA, porque a la larga puede tener problemas con su sostenido.

Seducción del chef
Es de buen diente, te intentará seducir con su buche y su lengua, pero no le creas mucho, puede que sea puro chorizo y hasta le puede oler el sope. Cuídate, no te vayas a comer la torta antes del recreo y te quedes con un fruto en tu pancita.

Seducción de doctor
Es el que conoce bien tu corazón y en los primeros 15 minutos te va a pedir que te quites la ropa para una revisión. Tú dile que te duele la cabeza y pide siempre una segunda opinión, no vaya a ser anestesista y termines sintiendo nada de nada.

Test: ¿Qué tan efectiva es tu técnica para seducir?

1. ¿Qué haces si el hombre de tus sueños te propone una noche loca?
- Disfruto el momento. Mañana Dios dirá. Como quien dice, me aviento como clavadista de La Quebrada. = **3 puntos**
- Pienso que, aunque haya aceptado, debo recatarme. "Oséase", sí entro al antro pero no pago cover. = **2 puntos**
- Acudo a la cita y dejo que él actúe. Total, como la noche de pasión la ha propuesto él, si tengo un hijo producto de esa cita, la colegiatura la paga el méndigo. = **1 punto**

2. Cuando estás bajo las sábanas, ¿te divierte innovar y demostrar a tu pareja que puedes ser varias mujeres en una?
- Sí, me encanta. Total, la reina está bajo las sábanas, no la está viendo él. = **3 puntos**
- Sólo a veces. Depende de mi ánimo que es como una montaña rusa. = **2 puntos**
- No suelo pensar en eso. Prefiero acabar rapidito. = **1 punto**

3. ¿Te gusta preparar el ambiente para el encuentro con tu pareja?
- Sí, es básico. Me dicen la "decoradora del amor". = **3 puntos**
- Lo hago cuando celebramos algo. = **2 puntos**
- Suelo acordarme de que debería hacerlo cuando hemos terminado. Como quien dice, tengo mala memoria. = **1 punto**

4. Te gusta un chavo y sabes que tú a él también, pero él no dirá nada por timidez. ¿Cómo actúas?
- Yo lo seduzco. Lo veo como mi presa y saco la fiera que traigo dentro. = **3 puntos**
- Le demuestro que me gusta para ver si se anima y decide lanzarse. Le enseño mi tanga para ver si me la acaba quitando. = **2 puntos**
- No me molesto en hacer algo porque los tímidos no me atraen. = **1 punto**

5. ¿Hablas de cuchiplancheo con tu pareja con naturalidad?
- Sí, es un tema como cualquier otro. De hecho ahorita estoy hablando de sexo con él. = **3 puntos**
- No solemos hacerlo, pero si surge, sí hablamos con naturalidad. = **2 puntos**
- Sólo en casos extremos, cuando lo hemos pasado genial o si ha fallado algo. = **1 punto**

6. ¿Sabes pedir lo que te gusta en la cama y decir "no" a aquello que no te da placer?

- Sí, siempre, y me encanta que mi pareja haga igual. Nos comunicamos como pilotos porque sabemos que nuestro destino es el mismo: el orgasmo. = **3 puntos**
- Depende de con quién me encuentre. Si es Luis Miguel me chiveo y me aguanto. = **2 puntos**
- Me da vergüenza. Prefiero hacerlo telepáticamente. = **1 punto**

7. ¿Te gusta llevar ropa interior sexy para estimular a tu pareja?

- Adoro ese tipo de ropa. Te dicen Miss Baby Doll. = **3 puntos**
- En ocasiones especiales. De hecho sólo tengo una pijama sexy. = **2 puntos**
- Lo pienso, pero no tengo tiempo para comprarla. = **1 punto**

8. ¿Sientes que el arte del cuchiplancheo es un poder que está en tus manos?

- Sin duda, y hay que usarlo con imaginación y con juegos. Lo malabareo como acróbata de circo. = **3 puntos**
- Sí, pero en el día a día es difícil ponerlo en práctica. Como quien dice, se me escapa de las manos. = **2 puntos**
- No lo había pensado. ¿A poco está en mis manos? = **1 punto**

9. ¿Qué es para ti el cuchiplancheo?

- Una necesidad física, igual que comer o dormir. Yo como, duermo, me reproduzco y vuelvo a dormir. = **2 puntos**
- Un rato de perfecta intimidad con mi méndigo. La entrega del tesoro al pirata que he elegido. = **3 puntos**
- Un trámite de pareja. La burocracia del amor. = **1 punto**

RESULTADOS

De 0-9 puntos - MEJORABLE: te falta iniciativa. Revisa tu técnica para seducir y desinhíbete un poco, para que conviertan su cuerpo en un parque de diversiones y sus encuentros: ¡en fiestas!

De 10-18 puntos - SÍ QUIERES: en la cama hay que dar para recibir. Te comportas como una amante experta sólo si confías en el hombre con el que estás. Cuando es un ligue, te reservas.

De 19-27 puntos - INOLVIDABLE: el cuchiplancheo es básico para ti. Lo vives de forma natural, libre y sin prejuicios. Eso se transmite y no se olvida. Más de un ex anda por ahí recordándote. Sabes lo que quieres.

La suegra

Las suegras son aquellos seres mitológicos con peinados altos, mal encaradas, que creen que saben más que Regil en 100 mexicanos dijeron.
Las suegras podrán ser algo espantoso, pero tarde o temprano nos convertimos en una.
Además hay una suegra que siempre va a estar a tu lado apoyándote, se trata de la suegra de tu pareja, oséase, tu mamá.

Reflexiones sobre las suegras:

El derecho de las suegras termina donde comienza la recepción del motel.

Si no quieres tratar nunca con una suegra, agárrate un novio huérfano.

Tener un novio y no tener suegra es tener un novio que no tiene madre.

Las fiestas son divertidas porque casi siempre hay espantasuegras.

Si estás regresando de un viaje de placer... es porque acabas de dejar a tu suegra en el aeropuerto.

Las suegras se inventaron porque el diablo no puede estar en todas partes.

sexo seguro

Para algunas mujeres tomar precauciones antes del sexo es depilarse las piernas, pero no, nenorra, la cosa no es así...

No es lo mismo sexo seguro que seguro sexo. Hazlo cuando quieras y con quien quieras pero siempre sé cuidadosa, recuerda que a los bebés no los trae la cigüeña, los puedes traer tú en tu vientre si no te cuidas.

Protegerte puede ayudarte a evitar cosas tan incómodas como tener una aldea pitufo dentro de ti. Hay muchas enfermedades venéreas que puedes **contraer** si no tienes cuidado, algunas mortales o con graves secuelas en tu vida. Hay muchas formas de protegernos, el condón es una de las armas más infalibles en la lucha contra los fluidos indeseables.

La pastilla del día después es sólo en un caso extremo en el que tuviste relaciones y crees quedar embarazada, debes tomarla en las primeras 72 horas después de cuchiplanchar. La puedes comprar en la farmacia, pero el abuso de esta pastilla perjudica tu salud. Pero, aunque suene mal, el sexo más seguro es no tener sexo.

Secretos

A manera de ejercicio pon tu mayor secreto cuchiplanchesco en esta parte en blanco: _____
_____
_____.

¡Ups! Si lo hiciste, eres una persona que no sabe guardar secretos.

Los secretos son aquellas partes de nuestra vida o de otras personas que no compartimos con nadie. Una persona que guarda secretos es todo lo opuesto a una persona chismosa.

¿Cómo puedes saber si eres chismosa?
Muy fácil, si contestas "sí" a alguna de estas preguntas.

¿Eres reportero de espectáculos?
¿En tu colonia te dicen el periódico?
¿Te la vives platicando con tus amigotas en el lavadero?
¿Tu primera frase de conversación es:
"Qué crees, manita"?
¿Hablas con dos teléfonos a la vez, con uno escuchas
y con otro reproduces lo que estás escuchando?

SECRETOS EN UNA RELACIÓN

Tengo una amiga que asegura ser muy feliz en su matrimonio, pero extrañamente siempre le está ocultando cosas a su marido, y digo extrañamente porque yo hubiera pensado que cuando decides compartir tu vida con alguien no hay secretos entre los dos.

Pero bueno, en este caso ella le miente porque sabe que él explota por cualquier tontería, y prefiere omitir ciertas cosas para no pelear. De todas formas, al final del día, él siempre encuentra un motivo para enojarse...

Esto me hace pensar que cuando no puedes contarle todo a tu pareja significa que el gran secreto que ambos ocultan es que su relación es un gran error.

Sexy

Ser sexy es ser una mujer que transmite sexualidad de una manera sutil.

Una mujer sexy es aquella que no puede esconder ese apetito voraz, capaz de saciar a todo un barco lleno de marineros medievales.

La mujer sexy se hace, no nace. ¿A poco crees que la Angelina fue sexy toda su vida? De hecho no, en la prepa le decían "trompita de Guazón".

Lo sexy también tiene que ver mucho con la ropa y la actitud, es como ese programa de Fashion Emergency, o lo que es lo mismo: "Cámbienme el look, me urge, por favor", donde primero vemos un esperpento que al final con unos trozos de tela y una ida a la tlapalería se convierte radicalmente en una mujer ultra sexy.

Pero ellos también deben procurar ser sexys. Y no hay pretextos, un hombre con un buen cuerpo es tan sexy como un hombre con una buena billetera.

Saca el stress

Pon la foto de
tu suegra, tu jefe o
del méndigo que te hizo
encanijar.

Tírale con lo primero que encuentres,
o de plano, quítate el zapato y aviéntaselo.

QUERIDO DIARIO:

La amiga de una amiga me contó que en una
noche de pasión, su galán se dio a la tarea
de encontrar el famosísimo punto G.
Después de consultar este libro y seguir mis
consejos, ambos lo encontraron.
El galán en cuestión comenzó a estimular el tan
mentado punto G de la amiga de mi amiga,
moviendo sus dedos en circulitos constantes y
presionando este mágico y maravilloso botoncito.
La amiga de mi amiga comenzó a sentir un
calor nunca antes experimentado y con ayuda
de su galán, que hasta eso no resultó tan
méndigo, logró tener uno de los orgasmos
más intensos de su vida.
¡Ah! Pero ahí no quedó todo, él siguió
estimulando no solo el punto G sino el clítoris,
ambos al mismo tiempo.
La amiga de mi amiga
dice que esa noche tocó el cielo.

PENÉLOPE

PD. ¡WOOOOOOOOOOOW!

¿Ya encontraste tu Punto G?

☐ Sí   ☐ No   ☐ No lo he intentado aún

Chicas, tampoco quiero que se me presionen y se sientan frustadas si no
lo encuentran, es más fácil de lo que parece, y la verdad no necesitamos
hacer malabares durante el cuchiplancheo nada más para ubicarlo, así que
si no lo encuentran les aseguro que no hay nada malo con ustedes; y recuerden que el chiste de todo es pasársela bien...

Tamagochi

Punto T

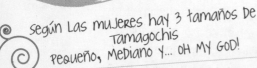

Según las mujeres hay 3 tamaños de tamagochis
pequeño, mediano y... OH MY GOD!

DEFINICIÓN:
Órgano viril masculino eréctil y de gran sensibilidad erótica por la cantidad de terminaciones nerviosas que posee para estos efectos. Su parte más excitable es el glande, que en ocasiones no es tan glande.

La pregunta del siglo:

¿El tamaño del tamagochi importa?

Amiga: ¡El tamaño SÍ importa! A nadie se le antoja una méndiga salchichita coctelera, y que me perdonen los hombres talla small (pequeño) pero esa es la triste realidad.

Si a la hora del encuereishion te llevas tremenda desilusión, aprieta la boca porque hay cosas que no se le deben decir jamás a un hombre en esas circunstancias: **"Mira, y tan grande que calzas"**, **"ahora entiendo por qué tienes ese carrazo"**, **"¿qué? ¿hace tanto frío aquí adentro?"**

Pero relajadas y relajados, porque antes de contestarles les voy a dar unos datos muy interesantes:

- El **tamaño del tamagochi** varía según las razas, así que las medidas que has escuchado no tienen por qué indicar que son las ideales.
- La media está entre los 13 y 16 cms. Pero si mide más o mide menos no tiene nada que ver con el placer que cualquier mujer puede experimentar.
- La mayoría de las mujeres encuestadas no se preocupan por el tamaño del tamagochi de su galán.
- El picachú (científicamente conocido como vagina) es un conducto de aproximadamente 16 cms., húmedo y suave, cubierto por terminaciones nerviosas que lo vuelven muy sensible al momento de la penetración.

LA BUENA NOTICIA ES:
que el picachú se adapta al tamaño y grosor de cualquier tamagochi.

Hay tamagochis para todos los gustos, de todos los colores y sabores, con y sin **circuncisión** *(mayor explicación en el punto W)*, grandes, pequeños, flaquitos y gorditos, pero lo verdaderamente importante es encontrar la manera de divertirnos con él.

Aquí están unas técnicas, digamos diferentonas, para maniobrarlo, porque me imagino que ya conoces lo básico y partiendo de ahí te recuerdo que siempre que quieras que llegue a la meta tendrás que motivarlo:

¿Cómo estimular al tamagochi?

NIÑO ENVUELTO
Juega con el tamagochi de tu galán, envolviéndolo entre tus pechugas, sí, tus bubis, pechos, senos o como quieras llamarlos. Masajéalo de abajo hacia arriba y deja que te pida más y más y más...

ÁREA RESTRINGIDA
¿Te acuerdas de los besos en los que como que lo besabas y no lo besabas? Pues aquí se aplica la misma técnica: bésalo, acarícialo por todo el cuerpo pero ¡no toques el área del tamagochi!, hazle creer como que ya lo vas a tocar pero no lo toques, eso los vuelve locos. Es la técnica del sí, pero no.

LA PALETITA
Sólo imagínate que tienes enfrente una paletita cuya única regla es no morder... ¡Ouch! Puedes darle pequeños chupetitos, probarla con tu lengüita en circulitos o bien introducirla a tu boca para hacerlo muy, pero muy feliz.

LA PALANCA DE VELOCIDADES
Aquí interviene la mano. La velocidad de tus movimientos cambia como las velocidades de un coche... Si van arrancando, métele primera. Conforme vayan a la cima, deja que la velocidad aumente a segunda o tercera sin apresurarte y de vez en cuando cambia la velocidad de nuevo a primera... o sea, te doy pero no te doy. Cuando esté a punto de llegar a la meta, el movimiento tiene que ser continuo, no importa que se te acalambre el brazo, hija, demuéstrale que tienes condición física para que cuando tú le pidas otras cosas no te salga con que ya se cansó.

Una vez logrado el objetivo, mete el freno poquito a poco para dejarlo disfrutar sus últimos espasmos ya que su tamagochito quedará muy sensible.

SECCIÓN DE ESPECTÁCULOS

Que las finanzas, deportes o noticias no te lo distraigan. Sorpréndelo con caricias mientras ve la televisión o lee el periódico. Este espectáculo cachondesco le va a interesar más que cualquier película de acción.

EL BELLO DURMIENTE

Ya que hablamos de sorprender, espérate hasta que esté bien dormido en medio de la noche, acarícialo despacio para que él no se de cuenta si es un sueño o la realidad. Es un gran regalito para tu bello durmiente.

Una comunicación abierta con tu pareja es lo mejor.

Preguntarle qué le gusta y dejar también que te proponga nuevas formas para estimularse mutuamente ayuda siempre a que tu relación sea más fuerte. No te asustes si de repente se les antoja experimentar algo nuevo y atrevido *(Consulta el punto R, Reglas del juego)*, aunque se vale decir: "No se me antoja", "no me gustó", "dame tiempo", etcétera...

NOTA: si al momento de la penetración experimentas dolor, platíquenlo y prueben con otra posición. Si el dolor continúa, consulta a tu médico.

Tabla De Tamaños

Lastima

eL iDEAL

PROMEDIO Latino

Si el tamaño del tamagochi de tu hombre va del promedio latino al ideal... ¡uy, qué rico!, entonces te aconsejo que aprendas la Técnica de Wawis del mago:

"Ahora lo ves... ahora no lo ves."
(*La encontrarás en el punto W*)

con ese tamaño...
Las tima

Lástima

El tamaño promedio del picachú es de 16 cm. de profundidad y es elástica.

LARGO CMS

23
22
21
20
19
18
17
15
14
13
12
11
10
9
8
7
6
5
4
3

GRUESO CMS

12 11 10 9 8 7 6 5 4 3 2 1

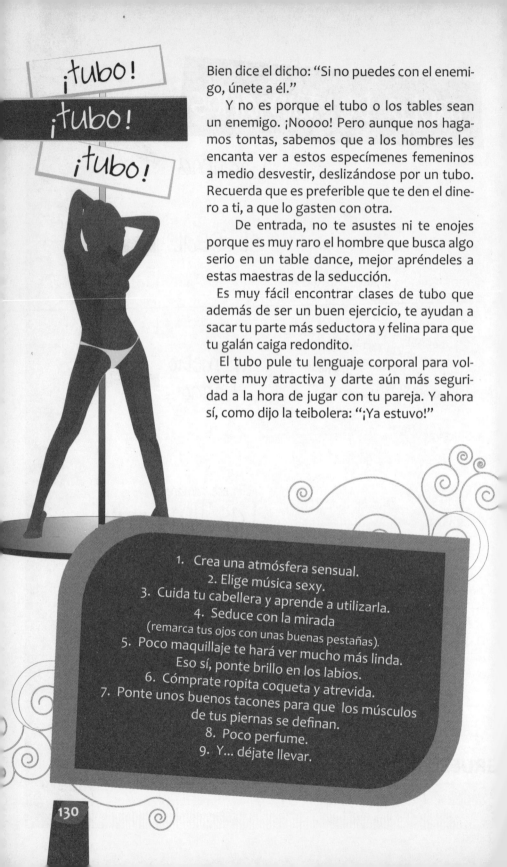

¡tubo!

¡tubo!

¡tubo!

Bien dice el dicho: "Si no puedes con el enemigo, únete a él."

Y no es porque el tubo o los tables sean un enemigo. ¡Noooo! Pero aunque nos hagamos tontas, sabemos que a los hombres les encanta ver a estos especímenes femeninos a medio desvestir, deslizándose por un tubo. Recuerda que es preferible que te den el dinero a ti, a que lo gasten con otra.

De entrada, no te asustes ni te enojes porque es muy raro el hombre que busca algo serio en un table dance, mejor apréndeles a estas maestras de la seducción.

Es muy fácil encontrar clases de tubo que además de ser un buen ejercicio, te ayudan a sacar tu parte más seductora y felina para que tu galán caiga redondito.

El tubo pule tu lenguaje corporal para volverte muy atractiva y darte aún más seguridad a la hora de jugar con tu pareja. Y ahora sí, como dijo la teibolera: "¡Ya estuvo!"

1. Crea una atmósfera sensual.
2. Elige música sexy.
3. Cuida tu cabellera y aprende a utilizarla.
4. Seduce con la mirada
(remarca tus ojos con unas buenas pestañas).
5. Poco maquillaje te hará ver mucho más linda. Eso sí, ponte brillo en los labios.
6. Cómprate ropita coqueta y atrevida.
7. Ponte unos buenos tacones para que los músculos de tus piernas se definan.
8. Poco perfume.
9. Y... déjate llevar.

TESORito

Se dice que radica en el himen: membrana delgada que cubre parcialmente la entrada de la vagina en las mujeres que no han tenido relaciones sexuales.

Lo más importante es que estés convencida de que tu tesorito no es sólo tu virginidad. Nuestro tesorito radica en el valor que nos demos a nosotras mismas y eso se llama autoestima. *(Ve al punto A: Autoestima).*

¿Cuándo?, ¿dónde? y ¿con quién entregar el tesorito?, es algo que yo no puedo decirte. Así como me educaron a mí, me encantaría que te esperaras hasta el día que te cases, pero no puedo cerrar los ojos a la realidad... lo que sí te recomiendo es lo siguiente:

• Si lo vas a hacer, primero que nada es porque estás **completamente convencida**, no porque todas tus amigas ya lo hicieron; y menos si todas tus amigas ya lo hicieron con quien tú lo vas a hacer.

• Que sea **con alguien que tú quieres**, con el que llevas un rato de estar juntos, que ya te invirtió no sólo dinero sino también tiempo y que te sientas segura a su lado. Te voy a decir por qué: **la primera vez jamás se olvida,** así que haz que sea inolvidable.

• Y la obligada: protéjanse, **sin gorrito no hay fiesta.** Por más arriba que esté la calentura, usen un método anticonceptivo y no juegues a la ruleta rusa con tu vida. Usen condones aunque seas tú la que los traiga en la bolsa, para que no haya pretextos de "se me olvidaron". Un minuto de placer puede convertirse en una vida de colegiaturas *(Checa el punto S, de Sexo Seguro).*

Conociendo a las mujeres como las conozco, te puedo asegurar que una parte muy importante de toda esta experiencia es que al día siguiente de habernos entregado, esperamos que el méndigo nos llame por teléfono para ver cómo estamos, cómo nos sentimos, por eso debe ser alguien que conoces y en quien confías.

FUERA CULPAS

Las mujeres somos muy culpígenas, y la culpa es un sentimiento que nos ata, nos llena de temores y no nos deja ni crecer ni disfrutar de nuestras decisiones. Así que :

1. Si tu decisión es **SÍ: ¡disfrútalo!**
2. Si tu decisión es **NO: confía en que hiciste lo correcto.** Las mujeres tenemos un arma muy poderosa que se llama intuición, hazle caso cuando algo no te lata.
3. Si **YA** lo hiciste, "lo hecho, hecho está". **No te arrepientas,** sea bueno o malo el resultado, porque en todo habrá siempre una lección de lo que para la próxima vez podrás repetir o de plano evitar.
4. Si el príncipe azul resultó un desgraciadísimo o simplemente NO TE GUSTÓ: ¡Next!, o sea, cámbiale a la página porque siempre vendrán oportunidades y personas nuevas a tu vida...

Estar a dieta no significa no ver el menú, y esto va para ambos sexos.

Taco de **ojo**

Las relaciones posesivas de "no veas, no voltees, no te imagines, no pienses..." sólo ocasionan que lo prohibido se vuelva mucho más atractivo.

"Dime qué prohibes y te diré que haré."

No está de más darle chance a tu pareja de que se eche un buen taco de ojo cuando tenga un bizcochito inevitable enfrente, y hasta comentarlo con él (*Toma nota, hija; siempre se aprende de la enemiga*)... ya te echarás también tú un taquito de ojo en algún momento, y lo mejor: **sin culpas.**

Tentaciones

Las tentaciones existen desde Adán y Eva.

Es algo que no podemos evitar ni teniendo encerrado al galán. Lo único que puedo decirte es que mientras más sólida esté tu relación con él y mejor comunicación tengan, las tentaciones pasarán de lado en el mayor de los casos sin afectar tu relación.

Como quien dice, esa manzana no se te hará tan atractiva.

Tabúes

En esto del cuchiplancheo no existe un tabú...¡existen mil! Yo diría que más bien cada quien habla como le fue en la feria. El punto está en que no creas que todo lo que escuchas sobre el tema, es una ley.

Algunos tabúes pueden tener algo de verdad, otros son absolutamente disparatados y hay unos que hasta risa dan de sólo escucharlos.

Veamos los más conocidos para llegar a la conclusión de si son falsos o verdaderos.

Tabú 1 - El hombre necesita tener sexo, la mujer no

Siempre hemos escuchado que los méndigos hombres pueden llegar a enfermarse si no tienen sexo, que porque el esperma se acumula en los testículos cuando no lo liberan. Las mujeres, al no tener eyaculaciones, pueden pasar sin sexo durante largas temporadas ya que no tienen una necesidad biológica como los hombres.

Esta excusa ha sido muy conveniente para los hombres, pero este mito **es falso.** Recuerda también que esos orangutanes se la viven tocándose, así que su esperma jamás se acumula.

Tabú 2 - En la menstruación no se debe tener sexo

Por ahí dicen que el flujo menstrual puede causar infecciones al tamagochi. Una cosa es que como pareja no se les antoje por la sensación que produce la sangre y otra que se abstengan por creer que le puedes "pegar o provocar algo". Las infecciones tamagochiescas se producen por otras razones, si tú estás sana, relájate, sobre todo si andas con un vampiro. Por lo tanto, este tabú **es falso.**

Tabú 3 - Tener sexo frecuente causa erecciones débiles

Si tomamos en cuenta que todo órgano que no se usa se atrofia, debemos pensar que si el tamagochi no se ejercita con frecuencia, no va a estar bien entrenado para un buen desempeño. Por lo tanto, el tabú **es falso.**

Tabú 4 - Las mujeres son multiorgásmicas

En el supuesto colectivo, el hombre alcanza un solo orgasmo, en cambio la mujer tiene, como mínimo, más de cuatro. Ese sería el número normal de orgasmos para que la mujer quede satisfecha de esa relación sexual. Las mujeres pueden tener orgasmos múltiples, no es lo más frecuente y la inmensa mayoría de las mujeres se siente satisfecha logrando alcanzar un solo orgasmo, el tabú **es falso.**

Tabú 5 - Si eyaculan fuera de la vagina no hay riesgos de embarazo

Durante el cuchiplancheo el tamagochi puede ir soltando gotitas que contienen espermatozoides con las mismas posibilidades de llegar al óvulo y fecundarlo, que los expulsados durante la eyaculación. En tres palabras: PUEDES QUEDAR EMBARAZADA. Usar esa técnica como método anticonceptivo es altamente inseguro, por lo que el tabú **es falso.**

Tabú 6 - El hombre es el que sabe todo sobre el cuchiplancheo

Se espera que debido a su gran experiencia, los canijos conozcan todos los secretos de cómo cuchiplanchar. Muchas mujeres siguen pensando que ellos saben más que ellas, que son los responsables de si el cuchiplancheo fue bueno o malo durante una relación. Así que no te confíes ni te creas que el méndigo de tu novio lo sabe todo. El tener esta guía en tus manos habla del interés que tienes en aprender para conocerte mejor y disfrutar. Otro tabú **falso.**

Tabú 7 - El cuchiplancheo en la menstruación no produce embarazo

¡Cuidado! Creemos que por estar en bandera roja, nuestra ovulación está muy lejana y por lo tanto estamos en un periodo no fértil. Puede haber sorpresas si la ovulación se adelanta sin que haya finalizado el sangrado. Las mujeres que tienen ciclos cortos, por ejemplo de 23 días, son las que corren mayor riesgo, que aquellas que tienen sangrado por más de 5 días. El tabú de que no te embarazas **es falso.** *Si cuchiplancheas en esta temporada tan sangrona, hazlo con protección o puedes ir empezando a escoger cunas.*

Tabú 8 - Si no he tenido orgasmos, soy frígida

Hija, ya por ahí salió que no hay mujeres anorgásmicas sino hombres tarugos. Hay mil caminos para llegar al orgasmo *(Ve al punto O, de Orgasmo)*. Lo importante es que conozcas tu cuerpo para que sepas utilizar todos los botoncitos que tenemos, al menos uno de ellos te hará llegar al cielo. Otro tabú **falso.**

Nunca está de más platicarlo con tu ginecólogo o sexólogo.

urge

que me encuentres el punto

¿Qué urge en tu vida que no te has dado el tiempo de hacer?

Escribe lo que consideres urgente y comienza a hacerlo.

✷ Urge que me atreva
✷ Urge que me dé tiempo
✷ Urge que creas en mí
✷ Urge que pruebe cosas nuevas
✷ Urge que me desahogue

Urge que...

punto

Vanidad

Se dice que las mujeres por naturaleza son vanidosas y eso es verdad. La vanidad bien llevada nos ayuda a vernos mejor y a querernos más. Y si alguna mujer te dice que la vanidad es mala, seguro te lo dice porque es fea, está sola y nadie la pela. Mi abuela me decía que la vanidad bien alimentada es benévola.

Aquí te dejo un *test* para que sepas qué tan vanidosa eres:

1. Cuando pasas frente a un espejo, ¿te detienes y te miras?
a) Sí   b) No

2. ¿Llegas tarde a tus citas porque dudas en decidir cual de tus 20 blusas se te ve mejor con los zapatos que te acabas de comprar?
a) Sí   b) No

3. ¿Cuándo vas caminando por la calle y alguien te grita un piropo te molestas?
a) Sí   b) No

4. ¿El día que tienes planeado cuchiplanchar con tu galán te cercioras de estar perfectamente depilada?
a) Sí   b) No

5. ¿Piensas que ponerte perfume por si se acerca, por si te abraza y por si se pasa, es esencial?
a) Sí   b) No

6. ¿Odias ensuciarte?
a) Sí   b) No

7. ¿Piensas que el cabello siempre tiene que estar bien peinado y en su lugar?
a) Sí   b) No

8. ¿Para ti lo peor que puede pasar en la vida es que te salga un barro o una espinilla roja en medio de la nariz?
a) Sí   b) No

RESULTADOS DEL TEST DE VANIDAD

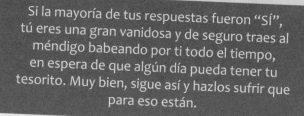

Si la mayoría de tus respuestas fueron "SÍ", tú eres una gran vanidosa y de seguro traes al méndigo babeando por ti todo el tiempo, en espera de que algún día pueda tener tu tesorito. Muy bien, sigue así y hazlos sufrir que para eso están.

Pero si la mayoría de tus respuestas fueron "NO", entonces tú eres tan vanidosa como una vaca. Es importante que comiences a preocuparte un poco más por tu apariencia, porque los hombres serán medio lentos, pero a ellos les gustan las mujeres que tienen un grado alto de vanidad. Comienza ahora mismo, tira todo lo viejo y feo que tengas en tu vestuario.

Ahora que si tu monigote hizo el test y contestó en la mayoría que "SÍ"... pues es metrosexual.

vestuario

Esto es simple y rápido. Yo te aconsejo que de la moda, lo que te acomoda. No importa si eres alta o bajita, gorda o chaparrita.

Siempre hay ropa adecuada para ti, evita ponerte pantalones a la cadera si eres llenita, o faldas largas y rectas si eres muy delgada y alta, no creo que te vaya a gustar que te confundan con Oliva y te llegue un Popeye que sólo quiera comerse tus espinacas.

Usa la ropa que mejor te quede o con la que mejor creas que te ves, siempre siendo muy honesta contigo misma.

punto W@

websex

Web sex = páginas de sexo en la web

Ten cuidado porque también en la Web puedes encontrar algunas cosas muy locas o perversas que distorsionan la esencia del cuchiplancheo natural, bonito, divertido. Hasta para elegir cosas xxx debes estar muy segura, porque como diría mi apá, hasta en los perros hay razas.

Pornografía hay en todos lados y para todos los gustos, pero la mera verdad es que hay ideas sobre el cuchiplancheo muy distorsionadas, y para eso no hay un preservativo ocular.

Aquí es donde entra tu ojo de águila, hija mía, cuando te topes con algo que se te hace fuerte, desagradable o fuera de lo normal, ¡cuidado! Puede ser pornografía que te haga daño a ti o a tu galán.

Amigas, esto del wawis es sin duda el arma más poderosa que tenemos nosotras las mujeres para controlar a los hombres.

Es más, la manera oficial con que muchas de mis amigas manejan a sus hombres es con el wawis.

¿ Y qué es el wawis?

Pues ni más ni menos que el sexo oral. Sí, estás leyendo bien, te estoy recomendando que te hagas una experta en esto del wawis y te aseguro que lo tendrás comiendo de tu mano por mucho, mucho tiempo.

Recuerden esa frase célebre: "Si todas las mujeres estuviéramos dando un wawis, podríamos controlar al mundo y tener las manos libres."

Con capucha o sin capucha

La técnica del wawis es muy distinta si el tamagochi tiene capucha o no tiene capucha (circuncidado), es muy fácil distinguir uno del otro, en el primero la piel cubre por completo al glande y en el segundo lo tiene descubierto.

La experiencia de hacer un buen wawis es mejor si el tamagochi tiene capucha, ya que existe mayor movilidad a la hora de ejecutar tal acrobacia.

Zonas erógenas del tamagochi

1. La parte mas sensible se encuentra justo en la curvatura del glande, imagínate que se trata de un honguito y justo en la parte inferior de la cabeza, como si fuera el pequeño cuello, allí mero; es aquí donde el wawis los vuelve locos.
2. La segunda parte mas sensible es justo el glande, o sea, la cabeza.
3. Un wawis a profundidad no tiene igual.
4. Lo que le cuelga al tamagochi se llaman ganas, y es un lugar muy sensible y divertido para jugar.

punto X

xxxtremo

Una palabra quizá un poco fuerte, que a veces y en ciertos casos sin querer queriendo, todos utilizamos. Aquí van algunos ejemplos de cuando lo normal se transforma en xxxtremo.

Normal
Que termines besándote con el méndigo que te acaba de presentar tu amiga.

xxxtremo
Que ese méndigo sea su actual novio.

Normal
Que vayas a comer a casa de tus suegros los domingos.

xxxtremo
Que los suegros ya te conozcan perfectamente, porque meses atrás andabas con el hermano mayor.

Normal
Llevar a cabo el cuchiplancheo en la parte trasera del auto.

xxxtremo
Que hagas el cuchiplancheo en el auto de los papás del méndigo, mientras los suegros ocupan en ese momento los asientos delanteros.

Normal

Que te tomes algunas fotos sexys y video,
mientras llevan a cabo el cuchiplancheo.

xxxtremo

Que esas fotos las uses para tu pasaporte y
terminen en alguna página de internet.

Normal

Que le pidas un tiempo a tu galán, para meditar
sobre el rumbo de la relación.

xxxtremo

Mandar a tu nueva pareja a que se lo pida.

Normal

Que él pague la cuenta.

xxxtremo

Que la divida, y que aparte
te pida que pongas la propina.

No es malo ser xxxtremo de vez
en cuando, pero convertir el
cuchiplancheo en un deporte
xxxtremo, no es lo más
recomendable. una cosa fuerte
lleva a otra más fuerte.
De que puedes cuchiplanchar desde
un puente, hasta antes de tirarte
de un paracaídas, puedes.
Pero si lo haces en el aire
saltando en paracaídas,
mejor grábalo y mándalo a un
programa de videos.

TODOS LOS CONSEJOS DE ESTE LIBRO
SÓLO funcionan si amas
PROFUNDamente a esta PERSONa:

Y punto

PEGA TU FOTO AQUÍ

tú... o sea YO

RECUERDA que en esta vida
sólo hay una única
oPORTUNIDAD PARA SER FELÍZ.

¡NO la desaproveches!

QUIÉRETE
Y
APAPÁCHATE

PROMETO NO OLVIDAR QUE EN UNA
RELACIÓN DE 2... EL BOMBÓN SOY YO.

punto Z

ZOOLóGico
de hombres

ASNOS

Ubicar a los asnos es muy fácil, ¡si es hombre, es un asno! Son sinónimos de burros por tontos, orejones y testarudos. Sin embargo, algunos hombres intentan justificar su parentesco con estos animalitos diciendo que dizque calzan muy grande. Pero ojo con esos presumidos, ya que los que se dicen grandes roperos, terminan con pequeñas llavecitas.

BUEYES

Los bueyes son primos hermanos de los mandilones. Un buey es aquel hombre manso y a veces menso, de los que las mujeres terminamos aprovechándonos.

CONEJOS

Los conejos son esos hombres a los que les encanta cuchiplanchar.
Pero ojo, porque también son conocidos por dejar a su paso muchos conejitos regados.

DELFINES

Son esos hombres resbalosos pero que en el cuchiplancheo nomás ¡nada, nada, nada!

ELEFANTES

Son aquellos méndigos hombrezotes pesados, orejones y lentos, pero con una larga trompa. ¡Tú decides!

GUSANOS

Son aquellos hombres despreciables, que nos hacen la vida de cuadritos y no pestañean a la hora de rompernos nuestro corazoncito.

FOCAS

Son los hombres que aplauden mientras juegan con las bolas. Si son las tuyas, ¡mejor!

HIENAS

Sólo sirven para que te acompañen a una película simplona porque se ríen de todo.

INSECTOS

No valen nada. Fumígalos.
(*Regrésate a Gusanos*)

JIRAFAS

Son los que por estar siempre checando a todas las viejas que pasan a su alrededor, ya les creció el cuello, lástima que sea lo único que les crece.

KOALAS

Son tiernos, peluditos y les encanta estar abrazados. Sólo ¡aguas, hija! No vaya a ser que te confundan con su mamá.

LOBOS

El lobo es uno de los tipos de hombre más astutos que existen. Se acercan para conquistar, disfrazados de indefensos corderitos y cuando menos lo esperas, te atrapan, logran su cometido y se van. Los típicos canijos son capaces de decir que te aman, con tal de que les entregues el tesorito.

MARIPOSONES

Tienen la gracia de una frágil mariposa. Cuanto más delicados, mejor; así no nos llevamos la sorpresa más tarde de que nuestro galán bateaba para el otro equipo.

NUTRIAS

Su gran pelaje les ayuda a conservarse siempre calientes; ¡mmmm... muy recomendables!

OSOS

Son aquellos que son feos,
pero terminan por gustarnos.
Tipo de hombre que entre más feo más
sabroso; o como yo siempre digo, más vale
feo jacarandoso que guapo bien baboso.

PERROS

Aquí no hay que confundirse, muchachas. No
se le llama perro a un hombre porque es fiel.
¡Noo! Un perro es un verdadero hijo de su
madre. Un mujeriego, Don Juan, que siempre
anda en la calle buscando nuevas colitas. Si
ven uno, agárrenlo a periodicazos.

QUETZALES

Estos hombres están en extinción. Si te gusta que
te canten, ¡ya la hiciste!, porque este espécimen
emite unas notas muy agradables al oído. Lo único
malo es que se caracteriza por tirar sus plumas,
nada que no se solucione con abrir la ventana.

RATAS

Los ratas son aquellos desgraciados hijos
de su santa madre, que como bien lo dijo
Paquita en una de sus canciones, son unos
animales rastreros. Lo peor de lo peor.
Te pueden terminar robando, procura
que no sea tu corazón.

SAPOS

De éstos sí huye, hija, porque son los
hombres que por más que beses y beses,
jamás se convertirán en príncipes.

TIBURONES

Los tiburones son esos hombres que siempre andan al acecho de su presa. Típico mirón que se acomoda en la barra del antro y espera la hora en que la chica se ahoga, pero en alcohol, para atacar. Sin embargo, al ser rechazados, muchos tiburones se vuelven asustadizos pececillos.

UNICORNIOS

No se sabe con certeza si existen o no, porque sólo tienen un cuerno y la verdad es que la mayoría de los hombres, mínimo tienen dos.

VENADOS

A diferencia de los toros, a un hombre no se le dice venado por su agilidad o rapidez, ¡sino por la tremenda cornamenta que le ha puesto su mujer!

XOLOIZCUINTLES

Pelones, chiquitos y sin chiste.

YAKS

Estos hombres son ideales para una noche de pasión. Son salvajes, peludos y de gran tamaño... te recomiendo averiguar más sobre ellos.

ZORRILLOS

A éstos ni te les acerques porque apestan como ninguno.

animales

¿Cómo domar a un hombre?

Por más fuertes que nos sintamos, las mujeres debemos de recordar que al hombre le gusta ser el león, el rey de la selva... aunque de leones sólo tengan el olor.

Apréndete esto: **el hombre sólo escucha cuando estás hablando de él.** Así que déjalo hablar; a ellos les encantan los monólogos o, mejor dicho, los machólogos.

Ponle atención, no lo interrumpas ni lo corrijas por más ganas que tengas, recuerda que lo estás domando. Ríete de sus chistes, dile lo inteligente que es y lo impresionada que te sientes a su lado.

Asegúrale que es el mejor amante que has tenido, esto no es mentira, ya que si no fuera así no estarías saliendo con él, ¿o no?

Compórtate como si tú fueras una pobre conejita que necesita la protección del gran Rey de la selva y, sobre todo, atiende a tu hombre. Sí, hija, no te me desmayes, no pasa nada con consentirlo, cocinarle y hacer todas esas cosas que hacían nuestras abuelas.

Al final, tú serás la ganona porque él creerá que te tiene controlada, pero la verdad la sabes sólo tú.

Estos son algunos signos que nos pueden decir si el galán o el hombre está siendo domado:

* Si tú lo miras sensualmente él empieza a arreglarse la ropa, agarrarse los puños de la camisa, tocarse la corbata, o arreglarse el cabello con demasiada frecuencia.

* Te ve y pone las manos en la cintura para demostrar que es muy machín, con los dedos pulgares en el cinturón.

* Si cruzamos la pierna hacia el lado de la persona que nos atrae, él no quita la mirada de nosotras.

* Si nos movemos de lugar él se hace menso como si no nos viera, pero nos sigue todo el tiempo con la vista.

Zonas erógenas

Amiga, aquí te presento eso que todos los hombres quieren pero que sólo tú decidirás con quien lo compartes o a quién administrarle.
El Mapa de las Zonas erógenas de la anatomía femenina.

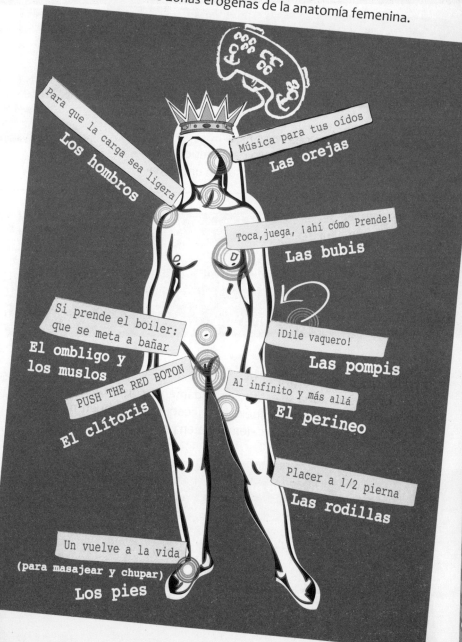

Para que la carga sea ligera
Los hombros

Música para tus oídos
Las orejas

Toca, juega, ¡ahí cómo Prende!
Las bubis

¡Dile vaquero!
Las pompis

Si prende el boiler: que se meta a bañar
El ombligo y los muslos

PUSH THE RED BOTON
El clítoris

Al infinito y más allá
El perineo

Placer a 1/2 pierna
Las rodillas

Un vuelve a la vida
(para masajear y chupar)
Los pies

La reacción de las mujeres al mismo estímulo puede variar, así que es importante descubrir lo que a ti te gusta y lo que te molesta.

PARA LOS MÉNDIGOS CURIOSOS POR NO DECIR METICHES-ESPIONES: ya que estás hojeando este libro, apréndete de memoria esté mapa para que sorprendas a tu princesita. ¡Cuidado con arrancar la hoja y llevártela de acordeón!

Antes de comerte el pastel, dale una probadita.
Los **labios**: son la antesala del placer. Los besos son una de las formas más comunes y deliciosas para estimular el erotismo.
(Ve al punto B, de Besos)

Para que la carga sea más ligera...
Los **hombros**: son buen punto para empezar con las caricias. Los hombros resultan una zona erógena muy efectiva.

Como música a tus oídos.
Las **orejas**: detrás de tu orejita tienes una de las zonas erógenas más sensibles del cuerpo, especialmente si la estimulación erótica se realiza oralmente, es decir, con la boca o la lengüita de tu galán. Además, por ahí pueden decirte cositas lindas que también estimulan la imaginación femenina.

Dale alas a tu imaginación
Las **axilas**: esta zona se estimula rápidamente con el tacto, razón por la cual se pueden despertar las cosquillas, un buen motivo para juguetear y para estar siempre bien perfumadita.

Toca, juega, ¡ahí cómo prende!
Las **bubis** son las primeras en reaccionar ante el estímulo cuchiplanchesco. Las bubis son excitables mediante caricias manuales y orales. Depende mucho de cómo nos gusta que nos las toquen: con la delicadeza de un pianista o con la pasión de un carnicero, ¡¡¡grrrrrrrrrrrrrrrr!!!

¡Si prende el boiler, que se meta a bañar!

El **ombligo** y los **muslos**: el área alrededor del ombligo es muy sensible. La mayoría de las mujeres saboreamos las caricias realizadas con las yemas de los dedos o los labios en esta zona y a lo largo de las piernas, en particular en el interior de los muslos.

¡Dile vaquero!

Las **pompas**: tienen muchas terminaciones nerviosas que pueden ser estimuladas con facilidad por medio de palmadas o fricciones. De ahí las famosas "nalgaditas de vaquero" o "la regañada de mamá."

Push the red boton

El **clítoris**: tiene 8 mil terminaciones nerviosas, así que ya te imaginarás por qué está considerado como uno de los puntos más sensibles de la mujer. Es un órgano puramente cuchiplanchesco, creo que sólo nos sirve para darnos placer.

Conoce por fin a tu picachú con un espejito para que sepas en dónde está, cómo es y lo que puedes sentir. Se volverá uno de tus mejores amigos.

¡Al infinito y más allá!

El **perineo**: es el área más erógena del cuerpo de la mujer. Es una zona de piel situada entre tu picachú y el señor del 2. Si tu galán apoya su mano aquí y la presiona con vigor o la masajea, te aseguro que verás las estrellas y uno que otro cometa.

Es importante que estemos familiarizadas con nuestro cuerpo y el cuerpo de la víctima. Sería una descortesía llevarnos mal con él. Entre más conozcamos "la cancha", más divertido será el partido y más goles podremos festejar.

MUY HOT

Después de conocer algunas de nuestras muchas zonas erógenas, aquí te presento la que tanto presumen los hombres... **el tamagochi.**

Sé que para muchas no necesita presentación, pero por si las dudas, aquí está.

Aunque su función es reproductiva, es considerado el cerebro de todos los méndigos, ya que este artefacto controla el 80% de las decisiones del hombre, o sea, pareciera que sólo piensan con él...

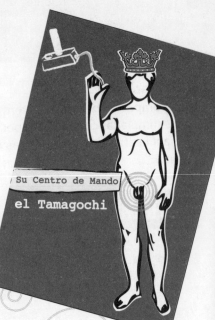

Su Centro de Mando

el Tamagochi

ZZZZZ!

ZZZZZ!

Si tu peoresnada se te quedó dormido a la hora del cuchiplancheo...

Entonces no entendiste nanais, comienza de nuevo a leer el libro y...

¡PRACTICA!

Glosario
para entender a Penélope

Picachú

El aquellito de la mujer.

Mariquita

Hombre sacatón.

Senos

Bruteiurus

Bubis, nenas, las niñas, las lolas.

Dícese de aquel hombre que en sus ganas ha acumulado mucha testosterona.

POMPIS

Hombre que le encanta vivir en las cavernas.

Lo que generalmente no tienen los hombres.

Astrolopitecus

Inche:

Cuchi shop

orangután

Adjetivo de molesto, feo, nefasto, desagradable. Agrégale la "p" al principio, y ya.

Tienda donde se venden juguetes para la diversión en el cuchiplancheo.

Hombre torpe que no sabe tratar a una princesa.

Ganas

Amor

El motor del mundo y de todo este cuento que aquí se contó.

Boda

Principio del fin, funeral.

Sinónimo del producto de las gallinas. Son dos y cuelgan del tamagochi, hay hombre valientes que le echan muchas ganas y hay hombres haraganes a los que les pesan mucho las ganas.

Casada

Con permiso legal para cuchiplanchar.

Tesorito

Aquellito sin estrenar.

Tamagochi

Lo que le cuelga al hombre y no es la corbata.

Encuereishion

Deshacerte de la ropa de manera sensual.

oh my god, my gatos and my gatitos:

Cuándo algo de verás nos sorprende.

Gacho

La mayoría de los hombres.

sacarle filo al tamagochi

Lo que nos convierte en brujas, porque levantamos las cosas sin tocarlas.

Embarreishion

Arte de arrimarle el tamagochi al tesorito.

méndigo

Hombre común y corriente, más corriente que común.

stripper:

Hombre que se gana el sueldo con el sudor de su tamagochi.

tamagochi extra largo

Extinto.

Hijas mías, Nenorras, Chamaconas, Princesas, Reinas

Formas en las que me refiero a las mujeres.

Esta obra se terminó de imprimir en agosto de 2009,
en los talleres de Litográfica Ingramex, S.A. de C.V.
Centeno 162-1, Col. Granjas Esmeralda,
C.P. 09810, México, D.F.